货币政策影响下的商业银行风险承担行为研究

李裕坤　著

天津大学出版社
TIANJIN UNIVERSITY PRESS

图书在版编目（C I P）数据

货币政策影响下的商业银行风险承担行为研究 / 李裕坤著. -- 天津 : 天津大学出版社, 2023.2
ISBN 978-7-5618-7426-4

Ⅰ. ①货… Ⅱ. ①李… Ⅲ. ①货币政策－影响－商业银行－风险管理－研究 Ⅳ. ①F830.33

中国国家版本馆CIP数据核字(2023)第047249号

出版发行　天津大学出版社
地　　址　天津市卫津路92号天津大学内（邮编：300072）
电　　话　发行部：022-27403647
网　　址　www.tjupress.com.cn
印　　刷　北京虎彩文化传播有限公司
经　　销　全国各地新华书店
开　　本　710mm×1010mm 1/16
印　　张　11.5
字　　数　261千
版　　次　2023年2月第1版
印　　次　2023年2月第1次
定　　价　49.00元

前　言

货币是否中性，即货币对就业、产出等实体经济活动是否产生影响、货币政策是否有效等问题一直是学术界的主要争论点。

自 20 世纪 30 年代凯恩斯革命以来，传统的古典学派货币中性论受到了挑战和质疑，以凯恩斯主义为代表的国家干预主义货币非中性论在随后的很长一段时间内居于主导地位。然而 20 世纪 70 年代经济出现的“滞涨”现象让凯恩斯主义陷入危机，以卢卡斯（Lucas，1973）为代表的理性预期学派把新古典主义关于市场出清、理性预期等假设应用于标准的宏观经济模型，推导出货币政策中性的结论。随后，新凯恩斯主义对凯恩斯主义进行了修正和补充。学者们在坚持凯恩斯提出的工资价格黏性论断的基础上，吸收了新古典主义关于理性预期和自然失业率假说[①]等理论成果，指出工资和价格的黏性会导致市场不完善，货币政策不可能都被预期，从而使得货币即使在长期表现为中性，在短期一定是非中性的。货币政策在短期内能有效抵消各种外来冲击，由货币政策导致的总需求变化会引起产出和就业同方向变化，最终促进经济平衡发展。而以米尔顿·弗里德曼为领军人物的货币主义学派[②]在传统货币数量学说的基础上，吸收了凯恩斯主义关于货币传导机制的观点，得出货币在短期内非中性而在长期内中性的结论。至此，国家干预主义和与之对立的新自由主义基本形成一致观点，即货币政策至少在短期内是有效的，那么货币当局在短期内就应控制中介目标，逆经济风向行事，以熨平经济周期波动。

大量研究转而聚焦于货币政策目标和工具的选择、货币政策传导机制的探索以及传导效率的提升等方面。在货币政策目标的选择上，不同国家在不同时期有着不同的侧重。一般而言，发达国家在经济繁荣时期更加注重物价稳定，在经济萧条时期更加注重经济增长，而对国际收支平衡的目标稍欠重视；发展中国家一般都强调

---

① 该假说由弗里德曼提出，即失业率将长期维持在一个自然水平上，这样长期的菲利普斯曲线可能是垂直的。

② 货币主义学派是经济自由主义的一个分支。

在物价稳定的基础上促进经济增长，甚至还要兼顾国际收支平衡的目标。在货币政策工具的选择上，美国以公开市场操作为主，鲜有调整存款准备金率的情况，而我国则常以法定存款准备金率为工具，近年来多次调整准备金率以直接调节金融体系的流动性；在货币政策传导机制的探索上，学者们在凯恩斯提出的利率渠道基础上，从不同的假设条件和视角出发，提出了信贷渠道、资产价格渠道、汇率渠道和成本渠道，极大丰富了货币政策的传导机制理论，其中最具代表性的当数伯南克（Bernanke，1989）等经济学家提出的信贷渠道。传统的利率渠道不承认金融机构的作用，仅通过货币供给解释货币政策的传导，而信贷渠道则在信息不对称的基础上强调金融机构的作用，认为中央银行通过运用法定存款准备金率等货币政策工具，影响信贷市场中的可贷资金供给量，继而改变可贷资金的价格——利率，进而影响投资和消费水平，最终影响社会的总产出。然而，货币政策是否仅仅改变银行信贷的"量"，而不改变银行信贷的"质"呢？这一问题随着2008年全球金融危机的爆发逐渐出现在学者们的研究视野中。

2008年9月，美国第四大投资银行雷曼兄弟公司宣告倒闭，使这场由次级抵押贷款引发的危机全面爆发，并以超乎预料的速度和广度向全球金融市场蔓延。全球范围内银行破产、兼并重组、政府接管等现象频频出现，金融业乃至实体业都遭受重创，危机的阴霾久久未散。为避免金融市场上出现的问题在金融加速器效应下给经济带来巨大波动，以及单个国家的金融危机在多米诺骨牌效应下迅速向全球蔓延，各国的货币政策实践纷纷逆经济风向行事，转向宽松姿态。美国率先采用逆周期的量化宽松货币政策，以促进经济复苏；欧洲多国以及日本等也纷纷推出量化宽松货币政策，增加基础货币供给量；我国也将货币政策的立场从稳健变为适度宽松，多次下调存贷款基准利率，增加货币投放，2009—2010年间广义货币（M2）的年平均增长率达23.825%①。与此同时，各国学术界纷纷探讨危机爆发的原因，指出危机产生的根源是时任美联储主席格林斯潘为抵御2000年美国互联网泡沫破灭可能引发的经济衰退而长期实行的低利率货币政策，认为是长期宽松货币政策环境下的低利率滋生了资产价格的泡沫，导致银行对未来经济盲目乐观，大胆地降低信贷标准，创新证券化信贷产品，不断提高杠杆率，为危机埋下隐患。伯南克

① 数据来源于中国人民银行网站，根据官网公布的季度数据计算的均值，其中2009年我国M2的年增长率高达27.74%。

（Bernanke，2013）在向国会做货币政策报告时也承认了这一影响。学者们开始对传统的货币政策理论提出质疑，例如 Borio 和 Zhu（2008）就提出了货币政策的银行风险承担传导渠道。货币政策的银行风险承担传导渠道是指货币政策的变化会作用于银行对风险的感知度和容忍度，继而影响资产组合的风险水平以及资产定价、融资价格和非价格条款等银行信贷行为。

殷鉴不远，受货币非中性论的影响，后危机时代我国所采取的货币政策多以稳健偏宽松为主，那么这样的货币政策是否会引起我国商业银行乃至金融机构过度承担风险呢？这一影响关系在以间接融资为主的中国是否更加明显？如果答案是肯定的，那么是否应当重新审视货币政策的传导机制和传导效率？货币政策的目标是否应当维护金融稳定？货币当局与监管当局又应当如何协同配合？基于这一背景，笔者试图从理论和实证两方面对货币政策对商业银行承担的风险的影响展开翔实的分析和论证，以期探寻上述一系列问题的答案。

目　　录

1 总　　论

1.1 货币政策与银行风险承担研究的缘起与现状

1.1.1 货币政策与银行风险承担研究的缘起

有关货币政策与商业银行行为方面的研究最早可以追溯到 1930 年，奥地利经济学家哈耶克（Hayek）在《货币与经济周期》中指出经济学者更多地强调货币政策在稳定价格方面的作用，而很少关注其在信贷过度投放以及资产价格波动方面的作用。[①]但哈耶克主要将研究的视角放在货币政策的有效性以及货币政策的立场上。随着商业银行在金融市场中地位的不断凸显，也由于商业银行资本结构具有高杠杆性，资金运用具有高风险性，资产体量具有庞大性，信息披露具有不对称性，债权人维权具有弱势性，经营业务具有同质性，经营风险具有系统性，等等，商业银行日常经营管理与风险防范的质量直接影响金融市场乃至整个经济的稳定运行。历史上数次金融危机的爆发都与商业银行的风险管控缺失有关，因此对商业银行风险防范的研究一直是监管实践层面和理论研究层面的热点话题。

在道德风险概念提出后，商业银行的风险偏好和风险承担问题也从 20 世纪 80 年代后期开始逐步被学者们认识并展开深入研究。Keely（1990）最早探索货币政策与银行风险承担的关系，尽管并未提到风险承担（risk-taking）一词，但他在分析风险转移效应时指出在宽松的货币政策下，银行往往对经济预期乐观，从而偏好高风险的投资，这实质上就是对货币政策影响银行对风险态度的一种诠释，可以看

① 王晓明. 银行信贷与资产价格的顺周期关系研究 [J]. 金融研究,2010(3):45-55.

作关于货币政策与风险承担关系研究的雏形。Thakor（1996）在此基础上，通过模型推导发现仅针对银行信贷风险而要求的最低资本充足率会导致贷款标准提高、贷款减少，同时揭示出货币供给的增加并不必然刺激信贷的增加，因为货币政策会影响商业银行的风险承担。Dell 和 Marquez（2006）也发现在信息不对称的条件下，低利率一方面会使银行降低信贷标准，提高风险承担意愿，另一方面还会降低银行的利润率，刺激银行将资金投放到高风险、高收益的项目，最终导致银行风险承担增加。然而上述研究大多仅揭示了货币政策会对银行信贷资产的数量、质量以及价格产生影响，并未明确指出这样的信贷行为与风险承担之间的联系，也缺少大量有说服力的证据，故而一直未引起学术界对货币政策与银行风险承担关系的重视。与此同时，不少学者积极探索商业银行的风险承担问题，但主要是从外部监管和市场约束视角、公司治理视角、外部监管和内部治理机制结合的视角等常规性风险识别、衡量和防范的视角展开研究。

2008 年美国次贷危机的爆发引发了学术界对货币政策与银行风险承担关系的审视和思考。纵观历史，一百多年来，经济社会的每一次危机从某种层面上讲都会倒逼新理论的诞生，推动经济理论的发展。如果说 1929 年的经济大萧条促使了凯恩斯宏观经济学的诞生，1970 年的经济滞胀让弗里德曼的货币学派大行其道，那么 1973 年墨西哥金融危机、1992 年欧洲金融危机以及 1998 年亚洲金融危机则催生了对金融危机模型的探讨，分别形成了强调外汇市场的投机攻击与宏观经济基础变量间联系的第一代金融危机模型，强调多重均衡和危机自促成的第二代金融危机模型和强调道德风险和金融恐慌驱动的第三代金融危机模型。2008 年美国次贷危机也毫不例外地遵循着历史规律。危机的爆发不仅给世界经济带来了巨大的冲击和深远的影响，还在理论学术界掀起了一阵原因反思和教训总结的浪潮。Borio 和 Zhu（2008）在探究次贷危机发生的原因时，发现正是美国为促进经济增长而长期实行的低利率的宽松货币政策催生了房地产等资产的价格泡沫，刺激和纵容了金融机构的风险承担行为，导致金融机构降低信贷门槛，创新出诸如证券化信贷产品等各种衍生金融产品，成功规避了监管，最终酿成了这场全球性的金融危机。此后，学者们纷纷展开对货币政策与银行风险承担方面的理论研究和实证检验。

1.1.2 货币政策与银行风险承担相关理论研究现状

国内外学者关于货币政策对商业银行风险承担影响的理论研究主要有两方面，一是用定性推理的方法论述货币政策对银行风险承担的传导机制或作用机理，二是建立理论模型推导分析货币政策对银行风险承担的影响。

国内外学者认为货币政策对商业银行风险承担影响的作用机理具体包括以下几方面。①估值机制，即利率的变动会对资产和抵押品的价值、收入以及未来现金流的现值产生影响，进而会改变银行对风险的识别和衡量。②逐利机制，即由于定期还款契约的约束、收益挂钩薪酬制度和市场竞争的奖励等三方面使得当名义利率下降时，银行具有增加风险承担意愿的动力。③格林斯潘卖权，也称央行的沟通与反应机制，即中央银行在一定程度上扮演着最后贷款人和隐性存款保险的角色，在信息不对称的条件下，助长了银行“搭便车”的心理和过度风险承担行为。④习惯形成效应，也称思维定式效应，即在长期宽松的货币政策环境下，经济繁荣、流动性充裕，投资者以及银行由于惯性思维，会对未来预期乐观，认为经济会持续繁荣，在风险评估时往往会降低风险溢价，从而内生性地降低银行的风险厌恶水平。⑤有限责任和风险转移效应，即在有限责任制下，银行在投资较好时获得超额正收益，而在投资失败时，将破产风险转嫁给存款人，因此在宽松的货币政策下，银行往往对经济预期乐观，从而偏好高风险的投资。由于各国国情之间的差异以及视角和侧重点的不同，国内外学者对风险承担渠道的内在作用机理尚未达成共识，但基本认同估值机制和逐利机制这两种作用机制，详见表 1-1。

表 1-1　货币政策对银行风险承担影响的作用机制主张

作者及时间	作用机制个数	作用机制主张
Keely 等（1990）	2	有限责任和风险转移效应；杠杆效应
Kim 和 Santomero（1988）	1	杠杆效应
Rajan（2005）	1	逐利机制
Borio 和 Zhu（2008）	3	价值、收入和现金流机制；逐利机制；央行的沟通与反应机制
Altunbas 等（2009，2010）	4	估值、收入和现金流机制；逐利机制；习惯形成效应；央行的沟通与反应机制

续表

作者及时间	作用机制个数	作用机制主张
Dell 等（2014）	3	资产组合和逐利效应；杠杆效应
Gambacorta（2009）	2	价值、收入和现金流机制；逐利机制
Delis 和 Kouretas（2011）	1	逐利机制
De Nicolò 等（2010）	2	资产组合和逐利效应；有限责任和风险转移效应；杠杆效应
Adrian 和 Shin（2009）	2	估值机制；杠杆效应
Campbell 等（1999）	1	习惯形成效应
Jiménez（2008）	1	估值机制
Maddaloni 和 Peydró（2011）	3	流动性和净值效应；逐利机制；保险效应
Bianchi（2014）	3	成本效应；估值机制；未来低利率预期效应
陈龙腾（2011）	4	风险定价模型效应；逐利机制；习惯形成效应；央行的沟通与反应机制
张强等（2011）	4	估值、收入和现金流机制；逐利机制；央行的沟通与反应机制；杠杆效应
张雪兰等（2012）	4	估值、收入和现金流机制；逐利机制；习惯形成效应；央行的沟通与反应机制
肖本华（2012）	4	资产替代；逐利机制；杠杆效应；央行的沟通与反应机制
徐明东等（2012）	4	估值、收入和现金流机制；逐利机制；竞争效应；保险效应
江曙霞等（2012）	3	风险定价模型效应；逐利机制；央行的沟通与反应机制
刘晓欣等（2013）	5	风险定价模型效应；预期效应；逐利机制；央行的沟通与反应机制；杠杆效应
牛晓健等（2013）	3	逐利机制；估值机制；保险效应
李华威（2014）	6	价值、收入和现金流机制；逐利机制；习惯形成效应；央行的沟通与反应机制；宏观经济影响；银行特征变量
乔煜峰（2014）	4	金融加速器机制、逐利机制、习惯形成效应、央行的沟通与反应机制
中国人民银行盐城市中心支行课题组（2015）	5	价值、收入和现金流机制；逐利机制；习惯形成效应；竞争效应；保险效应
杨洋（2016）	4	估值、收入和现金流机制；逐利机制；竞争效应；保险效应
赵雯等（2020）	4	估值机制；逐利机制；竞争效应；保险效应

在建立理论模型以推导分析货币政策对银行风险承担的影响方面，具有代表性

的是 Dell 等（2010，2014）建立的模型（简称 D-L-M 模型）。该模型在假定银行受有限责任保护和货币政策通过无风险利率影响银行负债成本的条件下，当无风险利率降低时，银行为寻求利润最大化会降低资本水平，提升杠杆率，进而降低监督成本，增加银行的风险承担行为；即使在杠杆率是外生变量的情况下，也存在一个资本充足水平，使得当银行的资本充足率高于这一水平时，银行的监督成本随着真实利率的上升而上升，换句话说真实利率的下降将导致银行的风险承担提高，银行监督力度下降。Angeloni 等（2015）建立 DSGE 模型，论证了扩张的货币政策会增加银行风险承担的倾向，并将银行的风险来源分为银行负债方由于内生资本结构产生的经营风险以及银行资产方由于金融加速器效应产生的借款人违约风险，得出两种风险会同向变动且相互促进，银行的风险承担渠道会降低货币政策对产出的效应。

江曙霞等（2012）在考虑了法定存款准备金率会对存款资金成本产生影响的基础上，对 D-L-M 模型进行了改进，得出当资本水平大于一个给定值时，随着无风险利率的提高，银行的风险承担降低；反之当资本水平小于一个给定值时，随着无风险利率的提高，银行的风险承担提高。李华威（2014）考虑了市场结构对风险承担的影响，通过建立理论模型，推导出当银行业处于完全竞争市场时，仅政策利率与银行风险承担负相关。

1.1.3 货币政策与银行风险承担相关实证研究现状

理论的研究需要实证作支撑。学者们基于各国金融市场的实际情况，纷纷运用计量方法开展了实证检验。信息公开程度不同导致国内外学者在银行风险承担变量的数据选择和计量方法上出现了差异。

1.1.3.1 国外学者的实证研究综述

国外对货币政策与银行风险承担行为关系的实证研究主要采用银行的微观面板数据，大致可以分为两类：一是基于客观的银行资产负债表，获得银行风险承担的信息，研究货币政策对商业银行的风险承担行为如何体现在资产和负债的选择上；二是基于主观的银行风险承担意愿和风险容忍度，研究货币政策是否改变了银行的信贷审批标准以及货币政策是否改变了银行的风险定价。

第一，在货币政策影响商业银行资产和负债选择方面，绝大多数学者将研究银行风险承担行为的关注点放在银行资产选择方面。Rajan（2005）认为在持续低利率水平下，资产管理经理为追求名义收益往往会增加风险承担行为，改变资产组合中高风险资产的比例。De Nicolò 等（2010）研究发现美国的货币政策利率与银行风险承担负相关。Altunbas 等（2009）指出在低利率水平下，美国和欧盟国家银行的商业信贷风险承担将提高。Delis 和 Kouretas（2011）采用西欧国家银行的微观面板数据，研究得出利率与风险承担之间呈负相关关系，且高资本充足率银行，其风险承担相对低。Gaggl 和 Valderrama（2011）基于奥地利的微观数据，通过实证研究指出在再融资利率水平较低时，银行商业贷款组合的预期违约率将上升。在资产选择方面的实证研究取得累累硕果后，少数学者又转而通过比较银行不同的融资方式和杠杆率等指标，探索货币政策是否也会影响商业银行在负债选择上追逐和承担风险的行为。Angeloni 等（2015）指出货币政策不仅会通过资产组合渠道还会通过负债组合渠道影响银行的风险承担，货币政策的改变会促使银行改变短期负债与资本金的比例，在收益曲线向上倾斜；在短期借款利率很低的情况下，银行会大胆地通过增加更为廉价的短期负债来筹集资金。Rodnyansky 和 Darmouni（2017）认为量化宽松政策会提高抵押贷款支持证券（MBS）的价格和流动性，并通过权益乘数上升，改善银行体系的财务状况和流动性，最终增加其贷款风险承担行为。

第二，在货币政策影响银行信贷审批标准变化方面，Dell 和 Marquez（2006）指出，在宽松货币政策下，短期利率下降，银行资产组合收益也会随之下降，此时银行为增加信贷收益，可能会通过降低贷款标准、放松对借款人的审查以及增加信贷总额等手段来保证收益的增加。Ioannidou 等（2008）基于玻利维亚银行公共信贷登记的信息数据，证明了货币政策不仅影响贷款的质量，还会影响新贷款的定价，长期的低利率增加了银行高风险贷款数量，降低了风险贷款的定价。Jiménez 等（2008）采用西班牙银行信贷登记资料的微观数据，得出在低利率环境下，信用记录不佳的借款人得到贷款的概率会增加，货币政策宽松时期银行风险承担会提高的结论。Maddaloni 和 Peydró（2011）采用美国以及 12 个欧元区国家的平衡面板数据信息，研究银行信贷标准的决定因素，结论表明：在宽松的货币政策下，银行对住房和商业贷款的信贷标准显著放松，未来贷款违约风险将增加；利率水平越低，银行越倾向于向有不良信用史和无信用史的高风险借款者发放贷款；在长期宽松的短期低利率条件下，银行信贷资产的证券化程度越高，资本监管越松懈，信贷标准放松的程度越强，信贷标准越低，这意味着银行的风险承担提高。而在货币政策对银行风险定价的影响方面，De Nicolò 等（2010）对美国 400 家银行贷款的调查数据及银行财务报表数据进行分析，发现政策利率、贷款利率与有效联邦基金利率之间的利差存在负相关关系，政策利率与平均内部风险评级之间存在负相关关系。Lucas 等（2019）认为在货币政策持续宽松背景下，多数银行愿意提高杠杆水平，缩小现金持有规模，通过持有更大规模的资产甚至衍生资产来抵销贷款收入的下降。

当然，不少学者在研究货币政策对银行风险承担行为的影响效应时，发现银行的微观特征即银行异质性特征也会对这一效应产生影响。Brissimis 和 Delis（2009）对 1996—2003 年间 16 个经合组织国家的银行微观面板数据进行研究，发现货币政策波动对不同国家不同资产规模、资本结构和流动性的银行的信贷标准、违约风险和信贷供给量影响不同。Buch 等（2011）运用因子扩增向量自回归模型（FAVAR）对美国的银行展开研究，指出扩张的货币政策冲击会引起小银行增加风险承担行为，但对大银行和外资银行没有太大影响，外资银行仅在 2005 年前后的长期低利率环境下增加了风险承担。Özşuca 和 Akbostanci（2016）选取土耳其 2002—2012 年的动态面板数据，从银行微观特征视角展开研究，结论表明短期低利率会降低银行贷款的风险，但若短期利率低于理论利率，反而会增加银行的风险承担行为；此外，银行规模越大、流动性越充足、资本充足率越高，其风险承担也就越低。Kandrac 和 Schlusche（2017）认为量化宽松政策增加了银行风险承担行为，多数银行在商业地产、建筑业、工商业以及个人消费贷款中的投放会更加积极，导致高风险贷款比重上升。Giovanni 等（2017）研究认为，银行事前风险承担水平与短期利率之间呈现显著的负相关关系。Neuenkirch 和 Nockel（2018）对欧元区国家银行业数据进行考察，发现在扩张性货币政策环境下，银行会倾向于降低贷款标准来承担更大的贷款风险。

1.1.3.2 国内学者的实证研究综述

在实证研究方面，国内学者主要考量货币政策对银行资产负债表风险的影响，鲜有基于货币政策对银行微观信贷标准或银行风险定价影响的研究。究其原因，一是2007年来监管层强化对商业银行的信息披露制度，要求商业银行必须披露其财务会计报告、各类风险管理状况、公司治理、年度重大事项等信息，这为相关研究提供了所需的一手资料；二是银行的信贷标准、信贷条件以及信贷资产定价方面的信息涉及商业秘密，且较为主观，因此监管层并未要求我国的银行机构对外公布这方面的信息，这部分信息目前尚处于“黑箱”中；三是我国商业银行尚未真正建立起科学有效的风险资产定价机制，国外流行的诸如KMV、在险价值（Value at Risk，VaR）风险定价模型仅停留在理论研究层面，实际操作中银行更多凭借先验性的认知，采用成本加成定价法或者基准利率浮动法粗略地确定资产价格。

鉴于此，国内学者主要是从微观层面上选取数家银行风险承担代理变量，以及货币政策的代理变量，推断出货币政策对商业银行风险承担的影响。刘晓欣和王飞（2013）论证了我国银行的货币政策风险承担渠道的存在以及银行的微观特征会对货币政策的风险承担渠道产生影响。牛晓健等（2013）在控制银行层面和宏观层面变量后，利用固定效应模型和差分广义矩估计方法，验证了中国低利率的政策环境会催生商业银行的风险承担行为。徐明东等（2012）采用动态面板估计方法验证了货币政策与风险承担变量之间的负相关关系，且银行的异质性会影响风险承担行为对货币政策的敏感性。张宗益（2012）验证了资本监管的门限效应存在，宽松的货币政策激起银行强烈的放贷冲动。陈玉婵等（2012）采用系统广义矩估计方法验证了货币政策与银行风险承担之间的负相关关系。张雪兰等（2012）运用广义矩估计（GMM）动态面板估计方法验证了短期利率的变化与银行风险承担之间呈显著正相关关系，泰勒规则利差与风险承担负相关，竞争加剧会引发银行过度风险承担行为。在微观维度的研究层出不穷的同时，少数学者开始将实证研究的方向转向货币政策对银行业整体资产和负债风险承担变量的影响。金鹏辉等（2014b）研究发现我国宽松货币政策对银行风险承担的鼓励仅体现在银行的资产而非负债选择行为上。李菁、梁俊（2015）采用月度数据检验货币政策对银行资产和负债方面的风险承担变量的影响，结论与金鹏辉等（2014b）基本一致，即扩张性的货币政策对银行风险承担的激励表现在资产选择行为上，而非负债选择行为。郭田勇、贺雅兰（2019）基于我国26家上市银行微观数据进行实证分析，得出货币政策传导中存在银行风险承担渠道，且会受经济发展、行业结构以及银行个体特征的影响。顾海峰、戴云龙（2019）研究表明高利率货币政策及扩张性货币政策会抑制银行风险承担水平，并且对上市银行影响更显著。惠晓峰等（2021）采用面板平滑过渡回归（PSTR）方法，构建货币政策对银行风险产生的影响模型，通过分析 13 家上市银行的微观数据，揭示货币政策与银行风险之间存在非线性关系，在低制度下货币供应量会增加银行风险，而在高制度下则不会。

表 1-2 详细列出了国内外学者在实证研究中所选取的数据样本、计量方法、变量选择以及主要结论。

表 1-2 代表性学者实证研究及主要结论

代表学者	样本选择	实证研究方法	代理变量选择		主要结论
Jiménez 等（2008）	西班牙和德国以及欧盟 1984—2006 年的季度贷款数据	极大似然估计（MLE）	银行风险承担	有无信贷记录、有无违约记录、贷款是否违约、银行借款占比、违约的时间	短期利率确实影响银行的信贷风险承担，在控制银行特征变量、借款人特征变量以及宏观经济条件后，发现低利率驱使银行降低信贷标准，增加贷款额度；不过这一影响的大小会随着银行的规模、流动性等特征的影响而不同；此外，高经济增长率也会增加银行的不良贷款和信贷风险
			贷款特征	贷款总额、贷款性质（是否抵押贷款、金信贷）、贷款的到期日等	
			货币政策	德国和欧盟隔夜拆借利率、西班牙隔夜拆借利率	
			银行特征	总资产、流动比率、资本充足率、是否上市、是否储蓄银行、不良贷款率与平均不良率之差、是否信贷合作银行	
			借款人特征	年龄、银行贷款额	
			宏观经济层面	GDP 增长率、国家债权风险、通货膨胀率	

续表

代表学者	样本选择	实证研究方法	代理变量选择		主要结论
Ioannidou 等（2008）	玻利维亚 1999—2003 年间的数据	极大似然估计、概率估计和普通最小二乘法（OLS）	银行风险承担	借款者是否有违约记录、贷款的性质（次级或违约）、违约时间	较低的联邦基金利率会增加银行的风险偏好，在控制银行特征变量和宏观经济条件后，发现美国联邦基金利率的降低会增加银行高风险贷款数量，降低风险贷款定价，且这一信贷的风险承担渠道在货币政策利率由低升高时变得不利。同时，低利率会使得流动性充足、低资本充足率的银行增加风险承担行为
			货币政策	贷款前一月的联邦基金利率、贷款期间的联邦基金利率	
			银行特征	总资产、贷款占比、不良贷款占比、资本充足率、流动资产占比、国外融资占比	
			企业特征	贷款数量	
			银企关系特征	是否具有不止一家银行的贷款、负债中是否一半以上为贷款、是否有银行的非贷款信用产品	
			贷款特征	贷款金额、贷款利率、贷款期限	
			银行市场特征	银行集中度（地区 HHI 指数）	
			宏观经济环境	玻利维亚 GDP、联邦 CPI 指数、玻利维亚 CPI 指数、ICRG 国家主权风险	
Altunbas 等（2009）	美国和 15 个欧盟国家 1998—2008 年 1100 余家上市银行的季度数据	GMM	银行风险承担	预期违约频率 EDF、银行个体风险	不论是采用真实利率还是泰勒规则计算的利率作为货币政策的代理变量，宽松的货币政策和银行风险承担之间都呈现显著相关性
			货币政策	三个月的 EURIBOR、泰勒规则利差	
			宏观经济环境	调整的名义 GDP 季度数据、房价指数	

续表

代表学者	样本选择	实证研究方法	代理变量选择		主要结论
De Nicolò 等（2010）	美国400家银行的贷款数据和资产负债表数据	OLS	银行风险承担	风险加权资产占总资产的比率	政策利率、贷款利率与有效联邦基金利率之间的利差存在负相关关系；政策利率与平均内部风险评级之间存在负相关关系；政策利率与银行风险之间存在负相关关系
			货币政策	真实联邦基金利率	
			银行特征	银行杠杆率	
			宏观经济状况	实际GDP增长率（滞后一期）、GDP下行的预期概率	
Maddaloni 和 Peydró（2011）	12个欧元区国家2002—2008年的平衡面板数据以及美国1991年至2008年的数据	广义最小二乘法（GLS）	银行风险承担	信贷标准	研究短期和长期低利率对信贷标准的影响，指出宽松的货币政策使得银行对住房贷款和商业贷款的信贷标准显著放松，从而导致未来贷款违约风险的增加
			货币政策	短期利率（货币政策）、长期利率（政府债券）	
			宏观经济环境	GDP增长率、通货膨胀率、最低资本充足监管标准、贷款担保情况	
Angeloni 等（2015）	美国银行1980—2008年的季度数据	VAR 模型	银行风险承担	融资风险、信贷风险、预期违约概率	扩张的货币政策增加银行的杠杆率和融资方面的风险承担，这反过来又增加银行在资产运用方面的风险承担行为
			货币政策	联邦基金利率	
			经济周期	工业产值指数，ISM指数、通货膨胀率	
谭中等（2011）	2000—2010年在上海A股上市的11家商业银行	面板回归	银行风险	银行破产风险指数INSO	宽松的货币政策会降低银行的破产风险，且短期比长期更有效
			货币政策	一年期存款利率、存款准备金率、货币供应量	
			银行特征	银行属性、银行规模、资产结构（市值/账面价值、产权比率、资本充足率）	
			宏观经济状况	GDP对数增长率、房地产价格指数	

续表

代表学者	样本选择	实证研究方法	代理变量选择		主要结论
张雪兰、何德旭（2012）	2000—2010年16家上市银行年度数据	动态面板GMM	银行风险承担	贷款损失准备占贷款总额之比、Z-score指数	货币政策立场显著影响银行风险承担，同时这一影响关系还受到市场结构及商业银行资产负债表特征的影响
			货币政策	实际利率与泰勒规则利率之差、银行间同业拆借平均利率	
			宏观经济	名义GDP增长率	
			市场结构	CR_4	
			银行特征	资本水平、流动性、银行规模	
徐明东等（2012）	1998—2010年中国59家银行的年度数据	动态面板GMM	银行风险承担	Z-score指数、净贷款/总资产、不良贷款率	货币政策与银行风险承担显著负相关，但依赖于银行异质性特征和宏观经济环境：资产规模、资本充足率和盈利性均与风险承担负相关；银行风险承担行为具有顺周期性；市场竞争越激烈银行越易增加风险承担
			货币政策	贷款基准利率、银行7天同业拆借利率、法定存款准备金率、M2增长率的负数	
			银行特征	银行规模、资本状况、盈利状况、公开上市虚拟变量	
			宏观经济状况	实际GDP增速、房地产价格增速	
			市场竞争度	银行业竞争程度指标	
曹廷求等（2012）	2003—2010年中国105家商业银行年度数据	系统GMM	银行风险	不良贷款率、Z-score指数的倒数、风险资产占总资产的比重	银行治理水平会影响银行风险对货币政策的敏感度
			货币政策	法定存款准备金率、一年期贷款利率、银行7天同业拆借利率	
			银行特征	是否上市、银行规模、资本充足率、流动性	
			宏观经济状况	GDP增长率、通货膨胀率	

续表

代表学者	样本选择	实证研究方法	代理变量选择		主要结论
陈玉婵等（2012）	2004—2010 年中国 16 家上市银行的年度数据	系统 GMM	银行风险	风险加权资产占总资产的比率	存款利率和存款准备金率越低，商业银行风险承担越高；同时，银行风险承担表现出顺周期性特征
			货币政策	一年期存款基准利率、存款准备金率	
			银行特征	银行规模、杠杆率（1-权益 / 总资产）、税前利润 / 总资产	
			宏观经济状况	GDP 增长率	
江曙霞等（2012）	2008 年至 2011 年第三季度 14 家中国上市银行的平衡面板数据	门限面板模型	银行风险承担	风险加权资产占总资产的比率	紧缩的货币政策抑制商业银行风险承担，同时货币政策对商业银行的影响要取决于银行的资本状况
			货币政策	一年期定期存款实际利率、法定存款准备金率	
			银行特征	银行规模、资本充足率、核心资本充足率、非利息收入占净利润比率、成本收入比	
			市场竞争度	非国有控股银行贷款总额占金融机构贷款总额之比	
牛晓健等（2013）	中国 14 家上市银行 2004—2011 年的季度数据	固定效应模型、差分 GMM	银行风险承担	预期违约频率 EDF	验证了货币政策的银行风险承担渠道的有效性；银行异质性影响风险承担对利率的敏感性：利差和资本充足率与敏感性正相关，规模和流行性与敏感性负相关
			货币政策	实际名义利率与均衡名义利率之差	
			银行特征	资产规模、流动性水平、资本充足率、净利差	
			宏观经济层面	名字 GDP 的增长率、住房地产景气指标、行业股票指数波动率、收益率曲线斜率	

续表

代表学者	样本选择	实证研究方法	代理变量选择		主要结论
刘晓欣等（2013）	1997—2011 年中国 121 家商业银行年度数据	差分 GMM	银行风险承担	Z-score 指数	我国存在货币政策风险承担渠道；银行异质性影响风险承担：规模越大，银行的风险承担对利率调整越不敏感；资本充足率与银行风险水平负相关，但在利率极低时提升资本充足率反而会增加银行风险承担；银行的盈利水平和行业集中度与风险承担负相关；流动性通常与风险承担负相关，但在利率极高（紧缩货币政策）时二者正相关
			货币政策	法定存款准备金率、短期贷款利率、短期存款利率	
			银行特征	银行规模、资本充足性（杠杆率）、流动性 [流动性资产 /（储蓄 + 短期投资）]、盈利性（净利润 / 总资产）	
			宏观经济状况	实际年 GDP 增长率	
			市场竞争度	行业集中度 CR_4	
乔煜峰（2014）	2001—2014 年 16 家上市商业银行（5 家国有银行、8 家股份制银行和 3 家城市商业银行）	差分 GMM	银行风险承担	Z-score 指数、商业银行的客户贷款和垫款总额增长率	货币政策对银行风险承担有显著的负向关系，同时，银行规模、资本充足率、流行性比率、资产收益率，GDP 增长率、资本市场发展情况也均与银行风险承担呈负向关系
			货币政策	法定存款准备金率、M2 增长率、存款基准利率	
			银行特征	资本充足率、存贷比、流动性比率、资产收益率、银行规模	
			宏观经济状况	消费价格指数、GDP 增长率、上证综指年收益率	

续表

代表学者	样本选择	实证研究方法	代理变量选择		主要结论
孟纹羽、林珊（2015）	2004—2013年15家上市商业银行数据	门限面板回归模型	银行风险承担	不良贷款率、风险加权资产比	货币政策立场对于银行的风险承担均有影响；资本充足率对于银行风险承担具有显著影响，而银行资产规模、盈利能力和市场结构对银行风险承担的影响并不显著；GDP只在执行价格型货币工具时对风险承担的影响显著
			货币政策	银行7天同业拆借利率、法定存款准备金率	
			银行特征	银行规模、资本水平、盈利能力	
			宏观经济状况	GDP	
			市场结构	行业集中度 CR_4	
钟文琴（2015）	2004—2013年16家上市银行的样本数据	差分GMM	银行风险承担	不良贷款率、Z-score指数	法定存款准备金率提高或货币供应量增加会抑制银行风险承担；银行信贷渠道代理变量诸如资产规模、杠杆、存款负债比、证券投资净额等会影响银行风险对货币政策的敏感性
			货币政策	一年期定期存款利率、法定存款准备金率、M2增长率	
			银行信贷渠道特征	证券活动比总资产、存款比总负债、成本收入比、银行规模、资本比资产	
			宏观经济状况	GDP增长率	
李菁、梁俊（2015）	2006—2014年的银行业整体月度数据	TVP-SV-VAR模型	银行风险承担	银行业风险资产比例、非存款负债比例	货币政策银行业风险承担渠道存在非对称性，且扩张货币政策仅影响银行资产选择
			货币政策	银行30天同业拆借利率	
			宏观经济状况	工业增加值增长率、CPI	

续表

代表学者	样本选择	实证研究方法	代理变量选择		主要结论
杨洋（2016）	2005—2014 年 28 家商业银行的年度非平衡面板数据	系统 GMM	银行风险承担	Z-score 指数、不良贷款率	货币政策变动对商业银行风险承担产生负向作用，数量型货币政策对银行风险承担的影响程度比价格型更大
			货币政策	存款准备金率、一年期贷款基准利率	
			银行特征	总资产对数、资产充足率、资产收益率	
			宏观状况	实际 GDP 增长率、房地产价格增长率	
			市场结构	行业集中度 CR_4	
顾海峰等（2019）	2007—2017 年 56 家银行年度数据	系统 GMM	银行风险承担	风险资产占比、Z-score 指数	高利率货币政策及扩张性货币政策会抑制银行风险承担水平，并且对上市银行影响更显著；银行规模增大会助推银行风险承担水平
			货币政策	同业拆借利率、存款准备金率	
			银行特征	银行规模、净资产收益率、杠杆率、资本充足率	
			宏观状况	宏观经济增速、CPI、资本市场发展	
赵雯等（2020）	2007—2018 年 14 家上市银行季度数据	纠偏最小二乘虚拟变量（LSDV）方法	银行风险承担	Z-score 指数	负利率会提高银行的风险承担意愿，刺激银行大幅扩张信贷规模、减少债券投资，这一现象在中国更为明显
			货币政策	负实际利率	
			宏观经济状况	房地产景气指数、银行业集中度	
			银行特征	资产规模、资本充足率、贷存比、营业成本比率、加权风险资产占比、资产收益率	
惠晓峰等（2021）	2007—2012 年 13 家上市银行年度数据	面板平滑过渡回归模型	银行风险承担	预期违约频率 EDF	在货币供给价值门槛水平低制度下货币供应量会增加银行风险，而在高制度下则不会产生此类风险
			货币政策	广义货币 M2	
			宏观经济状况	采购经理人指数、房地产价格指数	

1.1.4 相关文献述评

自2008年Borio提出货币政策的风险承担渠道这一理论以来，国内外学者纷纷加入货币政策与银行风险承担之间关系的研究，使之成为近几年学术界探索讨论的热点之一。纵观国内外学者关于货币政策与商业银行风险承担行为关系的研究发现，他们主要从货币政策影响商业银行风险承担的作用机理、理论模型推导以及实证检验等角度进行了详细论证，结果大都支持货币政策与银行风险承担之间具有显著负相关关系，即长期宽松的货币政策以及与之伴随的低利率促使了商业银行过度承担风险这一结论。现有研究大多借鉴国外学者的研究分析，比较侧重实证方面的研究检验，在理论模型设定方面还不很符合我国的实际情况，在作用机理方面还缺乏翔实、深入、系统的研究，部分文献仅仅是对国外学者观点的转引、陈述或总结，缺少货币政策对商业银行风险承担行为影响的系统性阐述，或没有将研究对象主体统一为商业银行，或没有结合中国的实情展开论述，比如大多学者在论述逐利机制时仍借用Rajan（2005）的观点，分析低利率对养老保险基金或保险公司等金融机构而非商业银行风险承担行为的影响；习惯形成效应则主要分析投资者的消费和投资习惯的形成，进而论述货币政策对金融市场投资者而非商业银行的风险承担行为。此外，除了估值机制和逐利机制两种作用机理得到学者们普遍认可外，习惯形成效应、央行的沟通与反应机制、杠杆效应等是否存在，各自的作用机理究竟如何还未形成统一的观点，因此关于货币政策对商业银行风险承担行为的作用机理的探讨在今后较长时间内仍将继续并不断完善。

在实证分析的货币政策代理变量选择上，国外学者更多以基准利率等价格型货币政策工具指标作为货币政策的代理变量，部分国内学者在此基础上结合我国的实际情况引入了法定存款准备金率这一数量型货币政策代理变量，但并未明确区分我国的价格型和数量型货币政策代理变量对商业银行风险承担的影响。在银行风险承担代理变量的选择上，国内学者多采用不良贷款率、Z-score指数以及风险加权资产的占比等，鲜有选择银行的预期违约概率的情况，且大多只是笼统地选择一个主变量代表风险承担并进行回归分析，即使采用其他变量，也只是放在稳健性检验中，并未说明这些指标代表风险承担的哪一方面以及指标之间的关系。在样本银行和时间选择上，由于数据的可获得性限制，绝大多数学者选取的是我国十余家上市银行的数据资料，少数学者（曹廷求等，2012；刘晓欣等，2013）将样本银行扩大至上百家，但在时间选择上并未指明具体原因以及该区间是否包含货币政策的不同立场。在实证分析方法上，鲜有学者从银行业的整体情况方面分析货币政策对银行风险承担的影响，从现有文献看，个别学者如金鹏辉等（2014）从我国银行业的整体数据来研究二者的关系，绝大多数学者采用银行的微观面板数据；在计量方法上面，少数学者如江曙霞（2012）采用门限面板模型、金鹏辉等（2014）采用VEC模型、李菁等（2015）采用TVP-SV-VAR模型、赵雯等（2020）采用纠偏LSDV方法、惠晓峰等（2021）采用面板平滑过渡回归（PSTR）方法，绝大多数学者采用系统广义矩估计或差分广义矩估计对面板数据进行回归分析。在控制变量的选择上，学者们也越来越意识到银行的风险承担是一个复杂的行为，要考虑关键自变量对其的影响，须加入诸如银行异质性、宏观经济状况等其他影响因素作为控制变量。

上述文献引起了笔者对这一领域开展研究的兴趣，经过广泛研阅文献，笔者认为该研究领域未来的发展应该呈现如下趋势：在研究视角切入层面，应更加深入、精准地识别货币政策风险承担渠道的关键环节——货币政策对商业银行风险承担的意愿和行为的影响原理及影响过程；在研究范畴设定层面，随着银行信息披露的不断公开完善，样本银行选择应不囿于二十余家上市银行而应扩大样本银行的数量，选择能代表不同类型和特征的商业银行。同时，货币政策的选取区间应尽可能延长，以充分反映不同的货币政策立场和态度；在研究方法选择层面，博弈论是分析研究经济主体行为选择的主要方法，通过构建不同假设条件的博弈模型以反映货币政策对商业银行风险承担的影响过程和效果，并结合实证检验的结论，分析论证这一影响关系；在研究结论应用层面，应强调这一影响关系在理论和实务界所产生的启示和应用，尤其是货币政策与宏观审慎政策在实施过程中的协调和耦合。当然，无可厚非的是，现有文献为写作提供了很大的参考和帮助，对笔者的研究思路和内容安排有着极大的思想启迪和借鉴意义。

1.2 拟开展研究的思路与方法

1.2.1 研究思路

研究紧紧围绕货币政策对商业银行风险承担的影响这一主线，在对国内外现有研究文献进行收集、汇总、梳理与评述的基础上，按照“提出问题—分析问题—解决问题”的研究范式以及“理论架构—定性剖析—数理推导—博弈分析—实证检验—政策建议”的逻辑顺序层层推进，全书共分为 7 章，具体内容安排如下。

第 1 章 总论。本章主要阐述论文的选题背景、研究意义，通过翔实地梳理国内外的文献，追本溯源阐述货币政策影响商业银行风险承担的研究缘起、进展及趋势，并在此基础上建构研究思路和框架，总结力图实现的创新以及存在的不足。

第 2 章 相关概念阐释与理论基础。首先明确研究范畴，设定研究区间，并对商业银行风险承担（risk-taking）等核心概念做出界定和分类；接着通过历史分析法阐述了货币政策理论的发展演变，为货币政策的实施提供理论支持；最后在查阅现有文献的基础上归纳了商业银行风险承担行为客观存在的理论基础，为后面的理论分析作好铺垫。

第 3 章 商业银行风险承担的度量及影响因素。根据笔者对商业银行风险承担的界定，将现行度量风险承担的方法和指标进行梳理分类，重点论述和剖析货币政策之外的因素对商业银行风险承担的影响关系，为第 6 章实证检验中控制变量的选择提供依据。

第 4 章 我国货币政策工具与中介目标选择的实践。本章主要论述近年来我国货币当局对数量型和价格型货币政策工具以及其他政策工具的选择和运用现状，以及我国货币政策中介目标选择的历史演进、现状及趋势，为后面作用机理和数理模型构建以及货币政策代理变量的选择提供现实基础。

第 5 章 我国货币政策对商业银行风险承担影响的理论分析。首先，结合我国货币政策的实践以及商业银行的业务特征和所处的金融环境，剖析了货币政策影响商业银行风险承担的作用机理，厘清了各机理之间错综复杂的关系。其次，基于我国货币政策实施现状，对国外学者提出模型的假设条件作适当修改，分别构建了价格型货币政策和数量型货币政策对商业银行风险承担影响的数理模型，推导得出在商业银行利润最大化目标的驱使下，价格型货币政策和数量型货币政策对商业银行风险承担的影响关系。最后，以宽松的货币政策环境为例，基于博弈论的视角分析商业银行内部行为主体以及商业银行之间在利益博弈下对风险承担选择的均衡策略，从理论上深刻地剖析我国货币政策对商业银行风险承担的影响。

第 6 章　我国货币政策对商业银行风险承担影响的实证检验。根据对商业银行风险承担的界定和度量，分别从银行业宏观层面选择反映事前、事中、事后风险承担过程的代理变量，并采用计量方法检验了货币政策对银行业整体风险承担的影响关系；考虑到商业银行风险承担意愿和行为还受到其他因素的影响，因此本章进一步基于银行的微观面板数据，在控制宏观经济状况、银行异质性、市场竞争程度等因素的基础上，运用动态面板回归方法检验价格型货币政策和数量型货币政策对银行风险承担影响的存在性以及宽松和紧缩的货币政策在影响商业银行风险承担中的非对称性。

第 7 章　结论及政策建议。首先总结全书关于货币政策对商业银行风险承担影响的理论分析和实证检验得出的结论，继而指出这一结论在重新审视传统的货币政策信贷传导渠道和货币政策目标方面的启示，最后在如何发挥货币政策与宏微观审慎监管的耦合协同、构建宏观审慎框架下的货币政策目标体系、发挥商业银行风险管控的主观能动性、改革现行金融监管体系以及完善金融基础设施建设等方面提出了政策建议。

2　相关概念阐释与理论基础

本章作为研究的出发点，首先对研究范畴、考察区间以及相关核心概念做出界定，通过货币政策理论的发展及演变的论述，揭示不同货币理论框架下对于货币是否影响经济，或者说货币政策有效性的不同观点。通过纵向梳理代表性经济学流派的发展及其核心思想，得出货币学派和新凯恩斯学派最终在货币的有效性上形成了基本一致的观点，那就是货币至少在短期是非中性的。换言之，货币政策在短期内对经济是有效的。鉴于此，各国政府一般都会实施货币政策来调控经济，以期熨平经济波动给社会带来的不利影响。其次通过阐述商业银行风险承担的几大理论基础，包括风险偏好理论、信息不对称理论、委托代理理论、羊群理论、金融不稳定假说以及启发式偏差理论，指出商业银行在经营过程中必然伴随着风险承担行为，从而为本书明确了研究内容，奠定了理论基础。

2.1　研究范畴与相关概念界定

2.1.1　研究范畴

长期以来，我国货币政策在实现物价稳定和经济增长的目标中发挥着积极重要的作用。货币当局通过货币政策工具影响商业银行的可贷资金数量以及金融体系流动性，继而影响了市场利率和汇率，进而影响经济主体的投资和消费等行为，最终实现货币政策预期目标。本书旨在研究通过数量型和价格型货币政策工具运用的变化反映的货币政策态度和立场是否会对商业银行的风险承担产生影响以及产生怎样的影响，因此须对我国货币政策的选取区间和相关核心概念做出界定。

2.1.1.1 货币政策及其选取区间

货币政策是指中央银行为实现既定的经济目标（充分就业、物价稳定、经济增长和国际收支平衡），运用各种工具调节利率和货币供给所采取的方针与措施的总和[①]。可见货币政策有三个构成要素：一是政策目标，二是政策工具，三是政策效果。由于货币政策的内涵十分丰富，须指出的是本书研究的货币政策主要侧重于货币政策工具的使用以及由此形成的货币政策立场或环境。为了更全面、合理地研究货币政策对商业银行风险承担的影响，必须从稳健、宽松和紧缩货币政策立场的完整区间来考察，同时还要兼顾政策的连续性。

考虑到2003年4月中国银行业监督管理委员会（简称银监会）从中国人民银行独立出来专门履行监管职责后，中国人民银行制定并实施货币政策的专业性才更加显著，政策也更具有连续性，因此笔者将本书对货币政策的考察区间限定在2003年以后。根据中国人民银行每季度《货币政策执行报告》公布的内容，笔者经过整理提炼得到了2003年至2021年我国官方关于货币政策的明确立场，该区间包括了稳健、宽松和紧缩几种不同的货币政策态度，详见表2-1。其中2003年至2007年二季度，我国的货币政策立场为稳健，2007年三季度至2008年二季度我国的货币政策立场为适度从紧或从紧，2008年三季度至2010年我国的货币政策立场为适度宽松，2011年至今我国的货币政策立场为稳健。此外考虑到稳健的货币政策的差异性，笔者在表2-1中详细列示了相关季度货币政策的主要操作内容，以便读者了解相关季度的货币政策立场究竟是稳健偏宽松的，稳健偏紧缩的，还是稳健中性的。结合货币政策“逆经济风向行事”的实施原则和我国货币政策的实施情况看，为应对亚洲金融危机并治理国内通货紧缩，2003年中国人民银行实行的是稳健并适度宽松的货币政策；2004年为实现软着陆，实行的是稳健并适度从紧的货币政策；2005年实行的是有保有压重在调结构的稳健中性的货币政策；2006年至2008年第二季度，治理银行流动性过剩，货币政策立场为适度从紧或紧缩；2008年第三季度至2010年，为缓解国际金融危机的不利影响，货币政策立场转为宽松或适度宽松；2011年，为遏制通货膨胀的苗头，货币政策转向稳健并适度从紧；2012年至2015年为应对我国经济面临的下行压力，货币政策重在调结构，立场为

① 黄达. 金融学 [M]. 北京: 中国人民大学出版社,2014 ：242.

稳健并适度宽松。学者高智贤等（2015）运用文本挖掘法对《货币政策执行报告》相关文本进行挖掘、挑选与组合，构建了反映央行货币政策立场的指数，得到的结论也大致相同①。2016年至2021年，货币政策的立场为稳健或稳健中性，同时，中国人民银行不再调整存贷款基准利率，转而通过中期借贷便利等新型货币政策工具调节市场利率，对存款准备金率的调整也主要采取从过去的全面普调形式转变为支持经济结构调整和转型的定向降准。

综上所述，我国的货币政策在2003年至2015年这十余年间经历了从稳健到紧缩到宽松再到稳健的这样一个完整周期，同时，该时期货币政策工具以传统的存款准备金率和存贷款基准利率为主，调整举措具有可比性和延续性。因而，选择在此区间内考察货币政策对商业银行风险承担的影响是合理的。

表2-1 2003年至2021年我国货币政策的立场②

年份（季度）	货币政策立场	备注
2003（1—4）	稳健	
2004（1）	稳健	
2004（2）	稳健	但在上季执行报告中明确指出本季度为适度从紧的立场，本季度上调了法定存款准备金率0.5个百分点
2004（3—4）	稳健	
2005（1—4）	稳健	
2006（1）	稳健	
2006（2）	稳健	加大了公开市场操作力度，抑制信贷过快增长，上调存款准备金率、贷款利率
2006（3）	稳健	调节银行体系过剩流动性，上调存贷款基准利率和准备金率
2006（4）	稳健	大力回收银行体系流动性，三次上调金融机构存款准备金率，两次上调金融机构存贷款基准利率
2007（1）	稳健	使用公开市场操作和存款准备金大力回收银行体系过剩流动性，四次上调准备金率共2个百分点，上调存贷款基准利率

① 高智贤等（2015）得出了关于2001年至2013年货币政策的立场，具体如下：2003年为扩张的货币政策，2004年为从紧的货币政策，2005年为中性的货币政策，2006—2007年为紧缩的货币政策，2008—2009年为宽松的货币政策，2010—2011年为紧缩的货币政策，2012年为宽松的货币政策，2013年为稳健的货币政策。

② 资料来源：根据中国人民银行网站历年公布的《中国货币政策执行报告》整理。

续表

年份（季度）	货币政策立场	备注
2007（2）	稳健	回收新增外汇占款投放的流动性，两次上调准备金率共 1 个百分点，两次上调存贷款基准利率
2007（3）	适度从紧	缓解流动性偏多，货币信贷扩张压力较大的问题，三次上调存款准备金，三次上调存贷基准利率
2007（4）	适度从紧	加强银行体系流动性管理，上调存款准备金率
2008（1）	从紧	加强流动性管理，四次上调准备金率共 2 个百分点
2008（2）	适度从紧①	上调准备金率 1 个百分点，控制物价过快上涨作为首要任务，抑制通胀放在突出位置
2008（3）	适度宽松②	两次下调金融机构人民币存款准备金率，三次下调存贷款基准利率，调减公开市场对冲力度，取消商业银行信贷规划约束，引导商业银行扩大贷款总量
2008（4）	适度宽松	
2009（1—4）	适度宽松	
2010（1—4）	适度宽松	
2011（1）	稳健	加强流动性管理，四次提高存款准备金率共 2 个百分点，两次上调存贷款基准利率共 0.5 个百分点
2011（2）	稳健	两次上调准备金率共 1 个百分点，1 次上调存贷利率共 0.25 个百分点
2011（3）	稳健	
2011（4）	稳健	暂停发放三年期央票，下调存款准备金率 0.5 个百分点
2012（1）	稳健	下调存款准备金率 0.5 个百分点
2012（2）	稳健	下调存款准备金率 0.5 个百分点，加大逆回购操作力度，保持流动性合理适度
2012（3）	稳健	连续开展逆回购操作，分别下调存贷款基准利率
2012（4）	稳健	两次下调存款准备金率共 1 个百分点，两次下调存贷款基准利率
2013（1—4）	稳健	
2014（1）	稳健	
2014（2）	稳健	两次实施定向降准，银行体系流动性充裕
2014（3）	稳健	

① 本季货币政策执行报告中虽然表示为稳健，但在上季度执行报告的政策思路中明确提出要实施从紧的政策，且从本季货币政策操作看，政策应该是适度从紧的。

② 本季度受金融危机影响，政策执行报告中虽未提态度，但结合政策操作判断至少应该是适度宽松。

续表

年份（季度）	货币政策立场	备注
2014（4）	稳健	非对称下调存贷款基准利率，增强公开市场操作利率弹性，引导社会融资成本下行，两次实施定向降准
2015（1）	稳健	下调存款准备金率 0.5 个百分点，同时实施定向降准
2015（2）	稳健	三次下调人民币存贷款基准利率，两次普降金融机构存款准备金率共 1.5 个百分点，公开市场逆回购操作利率先后七次下行
2015（3）	稳健	下调人民币存贷款基准利率和公开市场逆回购操作利率，实施定向降准
2015（4）	稳健	下调存款准备金率 0.5 个百分点，下调人民币存贷款基准利率
2016（1—4）	稳健	
2017（1—4）	稳健中性	第四季度开始实施对普惠金融实施定向降准政策
2018（1）	稳健中性	
2018（2）	稳健中性	定向降准，鼓励金融机构按市场化原则实施债转股，下调支小再贷款利率 0.5 个百分点
2018（3）	稳健中性	对支持小微、民营和创新型企业的金融机构定向降准
2018（4）	稳健	
2019（1）	稳健	降低金融机构存款准备金率并确立“三档两优”的存款准备金率新框架
2019（2）	稳健	
2019（3）	稳健	全面降准 0.5 个百分点，完善贷款市场报价利率（LPR）形成机制
2019（4）	稳健	
2020（1—4）	稳健	全面降准 0.5 个百分点，同时实施多次定向降准，加大对冲新型冠状病毒肺炎疫情影响的货币信贷支持力度
2021（1—4）	稳健	两次各降准 0.5 个百分点，下调支农支小再贷款利率 0.25 个百分点

2.1.1.2 商业银行的划分

经济的发展离不开资金的融通，而资金的融通又离不开金融机构。作为金融机构体系中的核心，商业银行不论是对发展中国家还是发达国家，无论是对宏观层面的国民经济还是微观层面的企业个人都极为重要。“商业银行”这一术语的提出主要是为了区别于中央银行、政策性银行以及投资银行等同样具有“银行”称谓但经营业务和机构性质却大相径庭的金融机构。从历史层面看，商业银行这个概念源于此类银行在产生初期一般只承做放贷业务（以期限在一年及其以下的短期业务为主），且放款对象大多为商人和进出口贸易商，故人们将主要从事吸收存款、发放商业贷款为基本业务的金融机构称为商业银行。从法律层面看，我国的商业银行是指依照《中华人民共和国商业银行法》和《中华人民共和国公司法》设立的吸收公众存款、发放贷款、办理结算等业务的企业法人。从统计层面看，商业银行是主要提供信贷、储蓄和支付服务，并在经济中起多方面作用的金融服务企业。

然而，随着商业银行在不同国家、不同时期经营业务的发展变化，其界定却越发模糊。这是因为，一方面商业银行正在提供更多更新的金融服务，另一方面其他非银行金融机构也在试图提供与商业银行类似的服务。近年来，我国金融机构更是出现了混业经营的趋势：中行、工行、建行、交行等多家银行通过子公司持有券商或保险牌照，也有平安保险收购深圳发展银行、华泰证券入股江苏银行等。也许在不久的将来，综合金融、混业金融会成为金融市场发展的大方向，银行、证券、保险、租赁、信托牌照将相互交叉，实现综合经营。因此，从商业银行经营的业务层面看，商业银行又分为传统和现代商业银行。传统的商业银行是指以存款为主要负债、以贷款为主要资产、以支付结算为主要中间业务，并直接参与存款货币创造的金融机构。而现代商业银行在此基础上还为客户提供诸如代理、托管、理财等各种各样的附加业务，并逐渐成为全面经营货币信用商品和提供金融服务的特殊企业。

根据银监会和中国人民银行对我国商业银行的划分和统计口径，我国商业银行包括中资商业银行（国有商业银行、股份制商业银行、城市商业银行、农村商业银行）、外资独资银行和中外合资银行。综合考虑本书研究的核心是探索我国货币政策对具有市场化行为、以营利为主要目的的银行机构风险承担行为的影响，故而本书研究的商业银行是指以追求自身利润最大化为目的，以多种金融负债筹集资金，同时将多种金融资产作为经营对象，具有信用创造功能的中资商业银行，具体包括工行、农行、中行、建行、交行五家大型国有商业银行以及邮政储蓄银行，招商银行、民生银行等十二家全国性的股份制商业银行以及众多的地方性城市商业银行和农村商业银行。

2.1.2 核心概念界定

2.1.2.1 商业银行的风险界定及类别

商业银行的风险是指商业银行在经营和管理中面临的不确定性。根据《巴塞尔协议》，商业银行面临的风险主要包括：信用风险、市场风险、操作风险、流动性风险、声誉风险和法律风险。其中，信用风险是指因借款人或交易对手未按照约定履行义务从而使银行业务发生损失的风险。市场风险是指因市场价格（利率、汇率、股票价格和商品价格）的不利变动而使银行表内和表外业务发生损失的风险，具体可以分为利率风险、汇率风险（包括黄金）、股票价格风险和商品价格风险。操作风险是指由不完善或有问题的内部程序、员工和信息科技系统，以及外部事件所造成损失的风险。流动性风险是指商业银行无法以合理成本及时获得充足资金，以偿付到期债务、履行其他支付义务和满足正常业务开展的资金需求的风险。声誉风险是指商业银行经营、管理及其他行为或外部事件导致利益相关方对商业银行负面评价的风险[①]。声誉风险包括法律风险。法律风险主要指由于银行经营管理行为不符合有关法律法规、行政规章、监管规定及其他相关规则的要求而面临法律纠纷（诉讼或仲裁）、法律制裁、监管处罚、财务损失或声誉损失等不利后果的风险。

特别注意的是，商业银行所面临的上述风险并不是孤立存在的，各风险之间往往相互联系、相互转化、相互影响。例如，1995 年，由于巴林银行的交易员里森的违规操作引起的操作风险导致这家有着 233 年历史的老牌银行面临巨大的市场风险，并最终在日经指数暴跌后宣告破产。而在 2008 年美国次贷危机中，由于利率大幅上行，次级贷款违约率上升，信用风险急剧增加，同时金融工具价格下跌，银行的资产负债表质量恶化，市场风险增加，从而迫使银行降低风险偏好（提升信贷标准、提高抵押物要求或折扣率、增加保证金比率等），信贷市场紧缩，进而金融资产流动性降低，从而使市场流动性风险增加，甚至在多米诺骨牌效应下引发系统性风险。考虑到银行面临上述风险后的最终结果可能是面临破产，因此学术界还提出了银行面临的破产风险，即银行因资不抵债，面临或被当局公告清算、关闭，或

---

① 上述风险的界定分别引自我国银监会于 2004 年制定的《商业银行市场风险管理指引》第三条，2007 年制定的《商业银行操作风险管理指引》第三条，2015 年修改的《商业银行流动性风险管理办法（试行）》第三条以及 2009 年制定的《商业银行声誉风险管理指引》。

被暂停支付、注资、重组、援助，或在政府庇护下勉强经营的风险。

鉴于我国商业银行的主营业务依然是信贷业务，因此银行所面临的风险主要是信用风险，当然考虑到上述市场风险、流动性风险、操作风险、声誉风险等也会伴随商业银行经营业务活动的开展而产生，且情况往往纷繁交错，最终可能会导致银行面临破产风险。因此本书所研究的风险主要包括两类：一是银行在业务开展过程中所面临的主要风险，即信用风险；二是包括市场风险、流动性风险等因素在内的综合风险，即破产风险。

2.1.2.2 商业银行风险承担的界定与分类

随着人们对风险的态度从被动的防范风险转变到主动的管理风险和承担风险，因此风险承担（risk-taking）一词应运而生。《韦氏词典》对 risk-taking 的定义是“为达到某一目标而做出具有危险或风险的行为或事实。”[①]《中华金融辞库》和《金融大辞典》将风险承担定义为“当某项风险无法避免或由于可能获利而需要冒险时，而必须承担或保留的风险。”根据风险管理理论，风险承担可以分为主动风险承担和被动风险承担。主动风险承担是风险管理主体事先知道某种或某类风险的存在，在权衡风险事件发生频率和损失程度以及风险事件的期望收益后，愿意主动承担而不是规避该种或该类风险，从而获取相应的收益。被动风险承担是风险管理主体预先并不知道风险的存在；或已知道，但由于预测不准确或忽略，所致损失后果不得不被动地由自己承担。由于商业银行这类特殊的金融企业在经营过程中面对着比一般工商企业更多、更特殊的风险，因此风险管控变得十分重要，商业银行的风险承担行为受到社会的极大关注。

商业银行的风险承担这一术语源于国外文献中的“risk-taking by banks（Ronald，1980）”、“bank risk-taking（Avery 和 Belton，1987）”等表述。从现有文献看，国外学者最初是在论证分析存款保险制度和银行道德风险问题时直接用到这一表述，并未对该表述进行过多阐述和释义，似乎这一表述已约定俗成。笔者查阅该表述在文献中的含义发现：最初“商业银行的风险承担”是银行或银行管理者的风险态度和倾向以及与之对应的银行风险承担行为（Ronald，1980；Ronn 和 Verma，

---

① Risk-taking 在《韦氏词典》（*Merriam-Webster' Dictionary*）中的定义是“the act or fact of doing something that involves danger or risk in order to achieve a goal。”

1986；Joseph 和 Sinkey，1991；Shapira，1995）。我国部分学者在研究商业银行风险承担问题时对其进行了界定。孔德兰（2008）指出商业银行的风险承担就是商业银行承担风险的行为，包括从事风险业务的动机、决策和执行。刘懿（2010）指出商业银行的风险承担行为指商业银行选择并承受某种程度风险的动机。王涛（2012）认为商业银行的风险（承担）行为是银行在经营过程中对所承担的风险程度进行选择和配置的行为。栾天虹（2013）认为商业银行风险承担是指商业银行在经营行为中所选择和承担风险的行为过程和对应的结果。乔煜峰（2014）认为银行风险承担包含两层含义：一是风险承担意愿，表现为银行经营行为的决策或意愿；二是风险承担程度，体现在银行的财务和经营指标上。

鉴于此，笔者从研究银行风险承担问题的源头出发，结合上述学者的观点以及风险管理理论中关于风险承担的概念界定和分类，将本书所研究的商业银行风险承担界定为：在经营过程中，由于不同投资项目风险的客观存在，商业银行为追求利润最大化，在充分考虑经济环境、宏观政策等外界因素以及资本结构、银行规模等内在特征后，主观选择风险的态度和意愿、主动或被动承担风险的行为以及客观遭遇各类风险（信用风险、市场风险、流动性风险等）的损失或结果。这一界定较为全面地概括了现有文献对商业银行风险承担的界定，并侧重于强调风险承担从意愿到行为再到结果的发展演变过程。

商业银行的风险承担按照不同的划分标准可以分为不同的类型。按照风险承担的意愿，商业银行的风险承担分为主动风险承担与被动风险承担。主动风险承担是指商业银行事先知道某种或某类风险的存在，在权衡风险事件发生频率和损失程度以及风险事件的期望收益后，愿意主动承担风险的行为。被动风险承担是指商业银行由于风险预测不准确或被忽略，所致损失后果不得不被动地由自己承担的行为。主动风险承担强调风险管理主体对风险的事前测度，能更好地反映决策者的风险偏好及风险容量；被动风险承担强调对风险事件的损失后果。按照风险承担的时间顺序，商业银行的风险承担可以分为事前、事中和事后的风险承担，其中主观选择风险的态度和意愿可以看作事前的风险承担、主动或被动承担风险可以被视为事中的风险承担，客观遭遇风险的损失或结果可以理解为事后的风险承担。按照风险承担的程度大小，商业银行的风险承担可以分为保守、稳健和激进型风险承担。其中，保守型风险承担是指商业银行在权衡安全性和收益性时更加注重安全性，在业务上为了最大限度地规避风险，宁愿牺牲收益而选择风险水平较低的业务的行为；稳健型风险承担是指商业银行认为安全性和收益性同等重要，为了追逐较高的收益往往会主动承担与其风险管理水平和损失补偿能力相匹配的风险的行为；激进型是指较之安全性，商业银行更看中高收益，大胆地选择高风险的资产负债业务的行为。按照商业银行面临的风险性质不同商业银行风险承担还可以分为信用风险承担、流动性风险承担、市场风险承担、操作风险承担等。

2.2 货币理论的发展及演变

货币理论主要探讨了货币中性和非中性问题，或者说货币政策是否有效、货币政策对经济是否产生影响的问题。当金银从一般商品中脱离出来成为一般等价物的货币后，学者们便开始了对货币的思考和研究。随着货币和信用的逐步发展以及信用货币的诞生，学术界更不乏关于货币理论的研究和争论，其目的主要在于回答货币的本质是什么；货币在经济中究竟扮演着什么样的角色；货币政策对经济有何作用；其传导途径又是怎样的。学术界针对这一系列问题的探讨可谓是百花齐放，百家争鸣，并产生了许多流派，相关学者有古代的萨伊、斯密、洛克，也有近代的维克塞尔、凯恩斯、哈耶克，更有现代的伯南克、弗里德曼和米什金。

2.2.1 古典学派货币中性论

货币中性也称货币的中立或货币的中立性，是指货币通过自身的均衡，使经济在不受货币因素的干扰下，仍由实物因素决定其均衡①。中性货币的概念最早是在1898年由瑞典经济学家维克塞尔在其著作《利息与价格》中提出的，但其思想却可追溯到古典学派的货币数量论，即货币数量论流通中的货币数量仅影响价格水平而不影响产出水平。17世纪至20世纪，以亚当·斯密、大卫·李嘉图、庇古、萨伊为代表的古典学派奉行的经济自由主义一直被视为信条，亚当·斯密的“看不见

① 李健. 现代西方货币金融学说 [M]. 北京: 中央广播电视大学出版社, 2001：164.

的手”以及萨伊的“供给自动创造需求的定律”一直被经济学界奉为圭臬。在这一时期，关于货币与实体经济关系的探讨仅局限于货币与普通商品价格进而与经济社会中一般物价水平之间的关系，而非货币与产出之间的关系。例如，萨伊从货币名目观[①]出发，认为货币只是覆盖在实物经济上的面纱，本身没有价值，因此人们手中的货币不应长期保存而应立即购买他物，故而得出供给会自动创造需求的萨伊定律。在此定律下，商品和货币的关系是恒等的，若某一商品供不应求，其价格就会上涨，而另外的商品便会供过于求，价格下跌；这时经济会自动调节，对于供不应求的商品减少需求增加供给，对于供过于求的商品减少供给增加需求，从而自发性地在短期内实现充分就业的均衡状态。因此，在这样的情况下，商品的相对价格由其供求关系决定，货币的数量增减只会影响所有商品的表面价格上涨与下跌，而不影响实物经济活动中的任何变量。虽然学者们在货币对物价的影响机制上并未达成共识，但不管是以威廉·配第的货币脂肪观、约翰·洛克的货币齿轮观、约翰·穆勒的货币机械观[②]为代表的早期货币数量说，还是以费雪的交易方程式、马歇尔的现金余额说、庇古的剑桥方程式为代表的近代货币数量说，都认为货币与物价水平之间有关系，但是货币对经济产出没有任何作用，故而货币是中性的。

2.2.2 凯恩斯学派的货币非中性论

维克塞尔在看到现实经济中接连不断的危机后提出了累积过程理论，他指出经济社会的生产以实物形态进行，资本的借贷以货币形态进行，因此利息率会通过影响借贷资本供求而传导到一般物价水平，最终影响现实经济社会的生产。基于此，他将利率分为货币利率和自然利率。其中货币利率是由金融市场（具体指借贷市场）上货币资金的供求决定的，并用以计算借款人应付利息的市场利率。而自然利率是假定企业家进行资本借贷采用实物形态时，实物资本借贷需求与储蓄供给相等时的利率，其值大致等于新形成的实物资本的预期利润率。当二者相等时，货币供

---

① 货币名目观与货币金属观都是关于货币本质的不同观点，盛行于16世纪至20世纪。前者的核心观点是货币不是财富，只是一种价值符号和名目上的存在，是由国家权威规定的计算单位，其实质是便于交换的技术工具，货币本身有无价值无关紧要。后者的核心观点是货币是财富的一般体现，自身有价值。两种观点是受经济发展而形成的，货币金属观盛行于贵金属货币时期，货币名目观则是在不足值货币出现后产生的。

② 王书贞，崔建军. 论凯恩斯“货币非中性思想”的理论价值及现实意义 [J]. 财贸经济,2007(8):33-36.

求达到理想均衡状态，整个经济的投资也恰好等于储蓄，物价水平不变，各商品和生产要素的相对价格和数量不受货币的影响，此时货币是中性的，货币的作用仅仅是流通媒介，对经济没有影响，货币的均衡状态保证了经济的均衡状态。然而，货币利率与自然利率不相等才是常态，因而货币多表现为非中性。凯恩斯基于维克塞尔的理论发展并完善了货币的非中性论，他认为古典学派描述的经济自动实现充分就业均衡往往只是特例，边际消费倾向递减导致消费需求不足，而资本边际效率递减又导致了私人投资需求的不足，加之流动偏好这一心理因素，导致有效需求通常是不足的，市场不能自动实现充分就业均衡，因此需要政府的干预。凯恩斯从货币需求的交易、预防和投机的三大动机出发，指出货币需求与利率之间呈反向变动关系。而货币供给是不受经济因素制约的外生变量，主要受中央银行的货币政策控制，央行通过改变货币供给量的大小影响利率而非传统货币数量说认为的仅影响物价的涨跌，而利率的升降会进一步影响私人投资的增减，最终通过投资乘数效应影响经济的均衡产出。凯恩斯通过利率将货币与实物经济联系起来，论证了货币是非中性的，对经济产生实质性的影响。随后，希克斯和汉森在凯恩斯经济理论的基础上建立了希克斯 - 汉森模型，即 IS-LM 模型，进一步将边际消费倾向、资本边际效率、货币供给和货币需求四个因素联系在一起，充分完整地揭示了货币市场与产品市场之间的相互作用和影响，并最终形成均衡的国民收入与利率的过程，从而解决了凯恩斯体系中产品市场的均衡仅确定均衡国民收入但无法确定均衡利率，而货币市场均衡可以确定均衡利率但无法确定均衡国民收入这一货币传递机制的矛盾，很大程度上支持并发展了凯恩斯的货币非中性理论，成为凯恩斯主义宏观经济学的核心。

2.2.3 新古典学派的货币中性论

以哈耶克、卢卡斯等为代表的新古典学派学者虽然视角不同，观点也不尽相同，但他们基本继承了古典学派经济理论的经济自由主义思想，认为货币应保持中性。哈耶克作为典型的经济自由主义倡导者，他在 1931 年出版的《物价与生产》中提出了中立货币说，并指出货币保持中立时对经济的影响最小，对经济的发展最有利，而货币保持中立的标志不是维克塞尔认为的市场利率与自然利率保持一致，而是货币供给的总流量保持稳定。哈耶克认为现实经济是动态经济，由于各种因素的作用，虽然货币结构和生产结构经常发生变动，这时如果货币保持中性，供给数量不变，则投资及生产规模的扩大仅限于人们自愿的储蓄，那么消费品需求量和资本品需求量的比例、消费品供给量和资本品供给量比例会相应变动，从而经济能自动建立新的均衡。卢卡斯则在理性人和传统预期理论的基础上提出了合理预期理论，指出由于公众的合理预期和预防性对策，名义货币数量只会引起物价水平的变化而不会对实际经济变量产生影响，即使当名义货币量发生突然而剧烈的变动，人们的预期会出现偏差，但人们能从各种信息中察觉出来，根据以往经验做出判断并形成合理预期，进而采取相应的预防性措施来抵消这一暂时的影响。因此，从短期来看，虽然货币数量的突发性和剧烈性的改变会对利率、产量、就业和国民收入等实际变量产生暂时的影响，但从长期来看，由于工资和价格是完全弹性的，货币变动对生产的增长率不产生实际性的作用，无论是宽松或者紧缩的货币政策，其效果都是中性的。

2.2.4 货币学派的短期非中性和长期中性论

货币学派产生于 20 世纪 50 年代中期，与哈耶克学派、弗莱堡学派和瑞典学派共同构成了现代新经济自由主义的阵营。随着 20 世纪 70 年代西方各国普遍出现了凯恩斯主义不能解释的“滞涨”现象后，货币学派提出的稳定货币、反对通胀的政策主张名声大噪，成为现代新经济自由主义（新古典学派）阵营中影响最大的学派。以弗里德曼为代表人物的货币学派在古典货币数量说的基础上借鉴了凯恩斯主义在货币需求上的思想，接受了凯恩斯流动偏好理论中把货币看作资产的思想，采纳了公众对货币需求的动机，提出货币数量说并不是关于产出、货币收入或价格水平的理论，而首先是货币需求的理论，货币需求受到效用、永久收入水平、机会成本三因素的影响，且货币需求量主要是永久收入水平和利率的函数，从而将古典货币数量说发展为与凯恩斯不同的新式货币需求理论。同时，弗里德曼等学者还认为货币供给不仅具有外生性，还具有可控性，中央银行或货币当局可以通过操纵高能货币（非银行部门公众持有的通货和商业银行的存款准备金），控制货币供给量进而影响经济，但从其对美国 1867—1960 年间货币供给与产出波动的关系研究，发现货币的变化在短期内（5~10 年）主要影响产出，但在超过 10 年的长期中主要影响价格，从而提出了货币短期非中性与长期中性的观点。因此在货币政策方面，弗里德曼指出短期内货币供给的大幅度变动是产生经济周期的主要原因，而长期中货币供给的变化则只会完全反映在物价水平上，故而主张政府在经济中起到尽量为自由市场经济能自如地运行提供稳定的支架而不是过多干预的作用，货币当局应将货币供给的增长控制在既适度又稳定的水平上，以维持物价稳定，即货币政策应当实行固定货币存量增长率的单一规则，使公众理解并形成正确预期。弗里德曼根据过去的经验提出一条经验法则：货币存量每年的增长率应保持在 3%~5%，这样既能保持价格水平稳定，又能满足新增产出和新增人口的货币需求①，否则经济可能会出现通货膨胀或通货紧缩，同时他明确指出通货膨胀和通货紧缩完全是一种货币现象。

2.2.5 新凯恩斯主义的货币短期非中性和长期中性论

以萨缪尔森、曼昆为代表的新凯恩斯主义经济学派接受了卢卡斯为代表的新古典学派关于合理预期的假设，但不认可关于市场出清和工资、价格完全弹性的假设前提。该学派认为，虽然劳动者会根据预期的价格水平来决定其工资高低，但一旦工资在雇佣合同中被明确后，合同期限内工资水平是不会变动的，即使实际的价格水平发生变动，劳资双方也必须遵守合同。从对美国实际情况的调查研究看，劳动合同的期限一般为三年，这就意味着货币工资在三年内几乎不会改变。此外，从整个经济社会看，所有的合同不可能在同一时间签订和终止，那么工资的调整也不可能是同步和及时的。因此在合同长期性以及从整个社会而言合同交错签订的前提下，工资是黏性的。同时，由于研究和确定新价格、更新产品价目表以及产品需求可能减少等这类因调整价格而发生的“菜单成本”的存在阻滞了企业调整价格，除非企业的利润空间明显降低，否则企业不愿意经常变动价格。此外，企业在信息不完全的情况下为了获取更多的信息，往往选择动态交错而非静态同步调整价格，这样便可以通过观察其他企业的价格调整行为来获取需求状况及其变化的信息。因此，菜单成本的存在以及企业交错调整价格的行为都会促使经济中的价格也与工资

① 米尔顿·弗里德曼. 弗里德曼文萃 [M]. 北京: 首都经济贸易大学出版社,2001:476-499.

一样具有黏性特征。新凯恩斯主义学派认为在工资和价格黏性的假设前提下，价格机制的作用在短期内无从发挥，市场不能迅速出清，当中央银行改变货币供应量时，产量和就业量会随之发生变化。例如，当中央银行增加货币供给量致使物价总水平上升时，由于工资黏性，工人的实际工资降低，企业利润空间增加，由于价格黏性，企业不会下调价格，而是通过雇佣更多的工人以扩大产量从而使经济社会的产出和就业率增加。因此，货币至少在短期内是非中性的。

以上是绝大多数学者们对经济发展史上主流经济学派关于货币理论观点的认识和分类，当然也有少数学者（甘小军等，2013）认为经济学界对古典学派的货币理论存在误解，他指出即使是古典学派也从未就货币中性形成一致意见，“除了李嘉图等少数经济学家外，大部分古典经济学家都认为货币在短期会影响经济，甚至在长期这种影响也可能存在”[①]，并提出了古典学派关于货币非中性原因的七种理论。

如果说 20 世纪 30 年代以前，关于货币理论争论的焦点是货币对于经济到底有没有实质性的影响，那么在 20 世纪 30 年代以后，关于货币理论争论的焦点便转向了货币究竟应该在经济中起什么作用[②]。因此总体而言，当下学术界基本上在货币短期非中性和长期中性上达成共识，争论的焦点在于货币政策在短期内应当采取何种态度。以哈耶克为代表的极端新经济自由主义的少数经济学家坚持认为不管货币对经济有何影响都应保持货币的中立性，但以新凯恩斯主义经济学派以及货币学派为代表的大多数经济学家都赞成货币在短期内是非中性的。从各国政府的经济政策实践看，既然学术界的主流观点认为货币政策在短期内对经济是有影响的，作为政府和管理当局就不会完全放任经济自由波动，因而多数国家都处于萨缪尔森提出的“混合经济”体制下，货币政策可以有效发挥对实际产出的条件作用，采取逆经济风向行事的货币政策是必要和普遍的。

---

① 甘小军, 王翚, 玄立平. 古典货币非中性理论研究 [J]. 经济问题,2013(6):73.

② 李健. 现代西方货币金融学说 [M]. 北京: 中央广播电视大学出版社,2001:163.

2.3 商业银行风险承担的相关理论基础

2.3.1 风险偏好理论

风险偏好是人们在实现其目标的过程中愿意接受的风险数量和种类的期望，反映了人们对待风险的态度。从理论上来说，根据投资者对待风险的态度可将其分为风险厌恶型、风险中性型和风险爱好型三种。普拉特和阿罗利用个体效用函数曲线的凹凸程度刻画出了这三种风险偏好的程度。具体而言，当效用函数曲线是严格向上突出的（凸形）时，表明该投资者是风险厌恶型的；当效用函数曲线是严格向下突出的（凹形）时，表明该投资者是风险爱好型的；而当效用函数曲线为线形时，表明该投资者是风险中性的。传统经济学认为人们具有风险厌恶的共性，会在投资预期收益率相等时，选择风险最小的项目。然而行为金融学通过实证研究推翻了传统经济学的风险厌恶假定，建立了风险偏好异质性理论，认为风险偏好具有内生性，不同的社会环境以及后天的学习机制可能会导致个体之间风险偏好的差异：某些危险经历会加剧个体的风险厌恶程度，而良好的社会环境则会降低个体的风险厌恶程度；对熟知事物的风险存在低估，对未知事物的风险存在高估（Holt 和 Laury，2002；Anderson，2008）①。风险容忍度和风险承担是风险偏好量化和细化后的具体体现，风险偏好会通过风险容忍度的设定进而传导到具体的风险承担行为上。

作为经济行为主体的商业银行，其风险偏好就是银行董事会、管理层等利益相关主体为了达到既定的目标而愿意承担的风险数量和种类，是银行战略在风险管理上的具体体现，是传达银行决策层意志的重要载体。从商业银行公司治理的静态角度来看，股东和债权人、管理层和普通员工的收益和资金回报方式不同，导致其风险偏好程度也不同。不同的风险偏好又会体现在银行的风险管理目标并量化到风险容忍度，最终传导到风险承担行为上。从商业银行公司治理的动态角度来看，银行的股东和管理层的风险偏好程度会受到自身经历和性格以及环境的影响，不同的风险偏好程度，会导致对既定投资项目的风险和期望效用存在不同的判断，从而影响

---

① 例如，Holt 和 Laury（2002）采用 MPL 设计，对美国学生的风险偏好进行测试，研究发现风险厌恶、风险中性和风险爱好的个体所占的比例分别为 66%、26% 和 8%，且个体的收入和性别会影响其风险偏好程度。

商业银行的风险容忍度和风险承担行为。

2.3.2 信息不对称理论

信息不对称现象最早由美国经济学家阿克尔洛夫（G.Akerlof）在1970年发表的《次品问题》中提出的，随后受到了斯彭斯（M.Spence）和斯蒂格利茨（J.E.Stiglitz）两位经济学家的关注。三位学者分别从商品交易市场、劳动力市场和金融市场三个不同领域研究了市场上的信息不对称现象，并逐步形成了信息不对称理论（Asymmetric Information）。该理论认为现实生活中的市场主体不可能占有完全的市场信息，交易双方所掌握的信息数量和质量都不相同，拥有充裕信息的一方处于优势地位，可以利用信息获得利益，而拥有贫乏信息的一方则处于劣势地位，可能会面临风险或损失。信息不对称理论的一条重要假设是机会主义行为，即人具有随机应变为自己谋取最大利益的行为倾向，具体又分为产生于交易合同签订前的逆向选择行为和产生于交易合同签订后的道德风险行为。前者是指由于交易双方信息不对称和市场价格下降产生的劣质品驱逐优质品，进而出现市场交易产品平均质量下降的现象；后者是指信息优势方在不完全承担风险后果时往往会从自身利益最大化出发来决定是否履约，从而侵占对方利益的违约行为。

信贷市场中的逆向选择是指由于在信贷市场中存在信息不对称，往往是那些经营效益差、违约风险高的借款人通过对贷款的积极寻求以及在资金价格即贷款利率上的竞争力，最可能获得贷款。逆向选择的后果会使市场上的资金价格不断上涨，商业银行自身的风险承担行为也随之上升。信贷市场上的道德风险是指资金需求方获得资金供给方提供的资金后，违反合约从事高风险投资活动。由于商业银行自身对贷放出去的资金使用情况比最终的资金供给方（即存款人）更为了解，因此可能会为了自身的利益而过度承担风险并做出侵害存款人利益的行为，且这一行为在存款保险制度下更为明显。世界银行和国际货币基金组织（IMF）对65个国家在20个世纪八九十年代发生的银行危机做了计量测试，结果显示在有存款保险制度的国家，危机发生的概率要高于没有存款保险制度的国家[①]。

---

① 张雄. 金融危机理论演进与发展研究 [J]. 商业研究,2007(5):205-208.

2.3.3 委托代理理论

委托代理理论是对科斯的契约理论的进一步发展，其重点在于分析企业内部组织结构及其企业成员之间的委托代理关系。委托代理理论从“理性经济人”的基本假设出发，认为委托人和代理人的行为目标都是实现自身收益或效用最大化。若将代理人付出的努力看作代理人的成本，通常情况下，代理人越努力，委托人的收益越大，因而委托人的收益直接取决于代理人付出了多少努力（代理人的成本），而代理人的收益就是委托人支付的报酬（委托人的成本），委托人的成本越低，代理人的收益就越低，故而委托人与代理人之间的利益是不一致的，甚至是相互冲突的。商业银行的委托代理关系比一般的股份制公司复杂得多，除了体现在股东、债权人与经理层三者之间，尤其是作为利益相关核心主体的股东与经理层之间以外，还体现在债权人与银行管理层、监管机构与银行管理层甚至银行管理层与普通员工之间。

在商业银行的经营活动中，存款人作为委托人将资金使用权暂时让渡给商业银行，并获得固定收益，由于存款人不具备剩余索取权，故在风险的态度上一定是风险规避的，而商业银行作为代理人一方面希望最大限度降低资金的成本（存款人的收益），另一方面希望能用存款人的资金投向风险较高的项目，从而最大限度地获得资金收益，故在风险承担上往往比存款人所期望的要高，这就形成了债权人的利益与银行或银行股东的利益不一致的情况。Black 和 Scholes（1973）运用期权理论解释了股东和债权人之间由于利益不一致而导致不同风险承担行为的原因。他们将公司股东的投资行为看作购买欧式看涨期权合约，股东的出资额就是期权费，公司的债务（或负债）面值就是合约的执行价格。当公司的资产市场价值上升到高于负债面值时，股东就可以选择行权并获得溢价；当资产市场价值低于负债面值时，股东会放弃行权，其最大的损失就是期权费（即出资额）。在商业银行这类具有高杠杆特征的企业中，相对债权人的投资而言，股东的出资额极低，也就是说股东只需出极低的期权费（出资额）便可以买到期权。倘若投资失败，股东可以选择不行权，承担的损失仅为极小的期权费。成本与收益的不对等势必会导致拥有银行控制权的股东增加风险承担意愿和行为，从而最大限度获得最大的银行价值溢价，使其自身的利益最大化。

同时，商业银行的股东和董事基于自身利益最大化原则，会将一定时期的风险偏好和风险承担传达给银行管理层，而银行管理层作为代理人在信息不对称的情况下，往往又会从自身利益最大化出发对股东传达的风险偏好态度产生偏差，并最终成为主导商业银行风险承担行为的力量。

此外，银行的管理层与基层员工之间的委托代理关系使得二者之间也存在利益冲突，进而管理层的风险偏好和态度也不能准确地传到基层员工，影响其具体风险承担行为。最后，银行由于其巨大的外部性和内在的脆弱性使得银行经营的风险承担者不局限于银行股东，而是整个社会。因此作为接受政府和公众委托的监管机构，银行会从全体存款人的利益、金融体系的稳定及金融市场的良性运转等方面来监督和约束银行的风险承担行为，因此商业银行最终的风险承担行为一定是多方利益相关主体基于自身利益出发做出选择后博弈权衡的结果。

2.3.4 羊群效应理论

羊群效应的本义是指动物（牛、羊等畜类）成群移动、觅食的行为，后来被引申来描述人类社会中的一种从众行为，即个人的观念或行为由于真实或想象的群体的影响或压力，而表现出与多数人的行为保持一致的方向变化的现象。羊群效应实际上是一种过度依赖舆论而不从自身信息和行为出发去考虑的非理性或非完全理性的从众心理和行为。目前，这一概念被广泛运用于社会学、经济学、管理学、行为金融学等诸多领域。行为金融学学者认为，人类的从众本能、人群间的沟通传染、对报酬和声誉的需要、信息的不确定性和信息的成本过高都可能导致金融市场的羊群效应。

羊群效应理论解释了商业银行的风险承担不仅受到银行内部相关利益群体的风险偏好的影响，还会受整个金融市场投资者风险偏好和其他商业银行风险承担的影响。在信息不对称条件下，商业银行的管理层抑或客户经理都容易受到同行行为的影响，一旦跟风的结果是正确和理性的，势必增加其个人的收入或效用；如果跟风的结果是错误和非理性的，这也是银行体系的普遍现象，而不是个人失误所导致的，通常不会面临解雇风险，其个人的损失是可控的，而且银行体系的脆弱性使得一旦业务集中所引起系统性风险的爆发，政府和监管机构绝不会坐视不理。因此，一般而言，当宏观经济环境较好时，商业银行的管理层和员工普遍具有乐观的预期，从而积极扩张业务，进而增加风险承担行为。这时，即使有个别对经济不那么乐观的银行，也会在羊群效应的影响下纷纷效仿，最终形成银行体系过度的风险承担。反之，当宏观经济环境低迷时，商业银行体系往往表现出“惜贷”和“慎贷”现象，反映了商业银行的管理层和员工对未来悲观的预期在羊群效应的影响下被放大，从而降低了商业银行的风险承担。

2.3.5 金融不稳定假说

1963 年，明斯基在论文《“它”会再次发生吗？》中提出了金融不稳定思想，随后，他不断丰富、完善该思想并最终形成了体系完整的金融不稳定假说理论，也被称为债务对经济行为影响的理论[①]。首先，他按“债务 - 收入”的关系将市场上的经济行为主体分为三类：一是套期保值型，即这类行为主体在每一时期内所获得的现金流入都大于到期的债务本息；二是投机型，即这类行为主体在长期内获得的现金流入总量上超过因负债所支付的债务本息；三是旁氏型，这类行为主体在每一时期内获得的现金流入都小于到期债务本息，只能通过借新还旧或变卖资产才能维持下去。其次，明斯基将经济周期的变动与微观行为主体的风险偏好以及不同行为主体在经济中的占比结合起来。如果套期保值型经济主体在经济中处于主导地位，经济较为稳定；如果投机型主体在经济中处于主导地位，经济较为脆弱；如果旁氏型主体在经济中处于主导地位，则经济十分危险。明斯基认为经济危机和经济周期的出现是由金融体系具有内在的不稳定性决定的。为弥补明斯基只通过描述方式阐述金融不稳定假说的缺陷，后来的学者纷纷尝试构建金融危机模型补充论证该理论。

由于商业银行的基本功能之一就是将存款人不具流动性的资产转化为流动性的资产，依据大数定理，正常情况下所有存款者不会在同一时间取款，因此银行为实现资产增值往往会以短贷长，因此商业银行更符合明斯基定义的投机型经济主体。Diamond 和 Dybvig（1983）运用信息不对称和博弈论均衡的范式建立了银行挤兑模型（D-D 模型），指出经济一旦发生突发事件（如某家银行由于管理不善出现大

---

① 王东风, 汪德军. 海曼・明斯基的金融不稳定假说之评析 [J]. 沈阳师范大学学报（社会科学版），2007, 31(2)：111-113.

量不良贷款濒临破产等），就可能出现银行挤兑，从而论证了银行体系的脆弱性。

2.3.6 启发式偏差理论

Tversky 和 Kahneman（1974）认为在不确定条件下，人们会运用直觉或过去的经验进行快速判断，且在进行判断时往往容易走思维捷径，这样的判断有时能做出准确的决定，但有时也会出现错误，那么因走思维捷径而可能产生的偏差就是启发式偏差（Heuristic bias）。启发式偏差主要分为代表性偏差、可得性偏差和锚定效应三种类型。代表性偏差是指人们在不确定的条件下，倾向用类比的方法进行判断，将具有相似性的两个客体或事件联系起来，通过一个客体的特征或一个事件发生的概率来推断另一个客体或事件发生的偏差。可得性偏差是指人们容易根据一个客体或事件在已有认知中的易得程度来评估其出现的相对概率，并由此导致的偏差。锚定效应是指人们在对某个客体或事件进行判断时常常根据一些典型特征或过去的经验产生某个锚定值，以锚定值为中心的一个区域中确定估测值，如果这个锚定值的方向有误就会使估测值产生偏差。

结合金融不稳定假说，一般而言，在一个经济周期伊始，大多数经济行为主体属于套期保值型，当经济在经过一段较长时期的繁荣后，经济趋于从套期保值型经济主体占主导的融资结构转向投机型和旁氏型经济主体占主导的融资结构。这是因为在经济处于上升时期，市场流动性充裕，融资条件宽松，个人、企业乃至国家等经济主体都容易产生启发式偏差[①]。各经济主体认为经济会一直良性运行下去,因而变得乐于借贷，不断提高财务杠杆率，这样就会使套期保值型的经济主体逐渐转为投机型主体，投机型主体逐渐转为旁氏型主体。商业银行会在经济形势较好时期由于惯性思维产生启发式偏差，根据当前的经济形势预测未来，形成经济会一直良性运行下去的预期，认为存款会源源不断地增长，市场流动性充裕，融资渠道畅通，故而在风险态度上趋于乐观，在风险承担意愿上趋于增加，在风险承担行为上趋于冒险，在实际操作上不断用低流动性、高盈利性的资产去替换高流动性、低盈利性的资产，从而增加利差空间，实现利润最大化。

综上所述，上述理论是分析商业银行风险承担的理论基础。风险偏好理论说明

---

① 邓翔，谭璐（2010）将此看作外推性谬误。

了风险偏好的内生性决定了商业银行的风险承担也是内生的，银行董事会、管理层等利益相关主体基于自身的风险偏好，形成对投资项目风险和期望效用的判断，进而传导到商业银行的风险承担意愿和行为上。信息不对称理论解释了银行信贷市场中存在逆向选择和道德风险问题的原因，指出了商业银行在经营过程中不可避免地要进行风险承担的选择。委托代理理论指出了银行不同的利益相关主体在风险偏好和风险承担方面的特征，阐述了商业银行的风险承担很大程度上受银行经理层风险承担的影响。当然，商业银行最终的风险承担行为一定是多方利益相关主体基于自身利益出发做出选择后博弈权衡的结果。羊群效应理论反映了商业银行的风险承担行为不仅受到银行内部利益相关群体风险偏好的影响，还会受整个金融市场投资者风险偏好和其他商业银行风险承担的影响。金融不稳定假说解释了金融体系具有内在的不稳定性，商业银行的经营模式使其更符合投机型经济主体，从而不可避免地会产生风险承担行为。启发式偏差理论旨在说明银行会在经济形势较好时期由于惯性思维产生启发式偏差，在风险承担的倾向上趋于增加，在风险承担行为上更加冒险。这些理论解释了商业银行风险承担存在的必然性，为后面研究商业银行风险承担行为及其影响因素奠定了理论基础。

3 商业银行风险承担的度量及影响因素

商业银行运营环境的不确定性和经营业务的特殊性使得银行的风险历来受到极其广泛而严格的关注和监管。商业银行和监管部门必须及时、动态地了解和掌控其风险承担水平，这便产生了风险承担代理变量的选择问题，或者说对商业银行风险承担的度量问题。于本书而言，如何选择合理的商业银行风险承担的代理变量直接关系到本书实证检验货币政策对商业银行风险承担影响结论的准确性。根据本书对商业银行风险承担的界定以及分类，本章将目前广泛用于度量商业银行风险承担的指标进行梳理，并按照风险承担的形成过程分为衡量事前风险承担意愿、事中风险承担行为以及事后风险承担后果三方面的度量指标，为后续分析商业银行风险承担及其变化提供判断的标尺。同时，鉴于商业银行的风险承担是一个复杂的行为过程，受到银行特征、外部环境等诸多因素的影响，要分析货币政策因素对银行风险承担的影响必须将其他因素作为控制变量纳入实证检验模型中才能得出正确的结论，因此本章主要详细论述货币政策因素之外，影响商业银行风险承担的其他传统因素。

3.1 商业银行风险承担的度量

国内外学者和相关文献在商业银行风险承担度量指标的选取上采取形式多样的测度安排，林林总总，至今未形成定论。有基于银行单一风险指标（如不良贷款率）来度量银行风险承担的指标变量，有基于银行会计信息如资本充足率、资产质量、管理能力、盈利能力和流动性等构造度量银行风险承担的指标变量，有基于银行股票的市场价格波动情况来度量银行风险承担的指标变量，也有基于银行风险态度和风险意愿方面来度量银行风险承担的指标变量。结合本书第 1 章对商业银行风险承担的界定与分类，同时为了便于后续章节论证的开展，笔者按照商业银行风险承担的形成和发展过程，将目前学术界对商业银行风险承担的度量指标分为对事前、事中和事后三类风险承担的度量指标。

3.1.1 商业银行事前风险承担的度量

所谓商业银行事前风险承担，是指银行在经营过程中主动选择风险的态度、偏好或意愿。可见，事前风险承担是一个主观概念，那么如何采用相对客观的指标进行量化一直是学术界的一个难题，这也就不难解释为何我国学者鲜有在商业银行事前风险承担度量方面的研究。鉴于商业银行的主营业务是发放贷款，因此对事前风险承担的度量，可以采用从信贷合约中提取的，能反映商业银行审批态度和标准的指标以及预期违约率指标。

3.1.1.1 贷款审批松紧指标

鉴于商业银行目前的主营业务是贷款业务，要反映商业银行的风险承担态度和意愿是否有明显改变，首先须构建能反映在银行风险承担影响因素发生变化时，商业银行对于相同借款人（包括还款能力和信用条件等影响履约概率的因素相同）的贷款审批标准和风险溢价是否变化及变化幅度方面的指标。国外不少学者都通过对商业银行的信贷登记信息展开实证分析，探讨信用评级较低或违约风险较高的借款人获得贷款的概率是否发生显著改变，从而判断银行是否改变了事前风险承担，即银行的风险容忍度和风险主观偏好是否变化。因此，笔者认为可以构建类似“有违约记录或信用指数较低的人群获得贷款的金额（人数）占贷款总额（总人数）之比”等指标来量化银行贷款审批松紧程度，进而度量商业银行的风险承担意愿。

3.1.1.2 预期违约率

预期违约率（Expected Default Frequency，EDF）模型是风险管理公司（KMV公司）开发的用以衡量公司违约风险的基本工具和方法。这里的违约风险指的是公司未来偿还债务的不确定性。要计算出 EDF，首先要计算公司资产的市值，即公司资产在未来产生的现金流以一定贴现率折现到当前时点的现值，当这一市值低于负债价值时，公司就会对债权人和股东违约。资产市值等于负债价值的点就称为违约点，公司的资产净值就等于公司资产的市值与违约点之差。当净值等于 0 时，违约事件发生。接着再计算衡量公司资产风险的资产波动率，即公司资产价值每年变动百分比的标准差倍数。对于上市公司而言，股票市价可以获取，因此资产的市场价值和波动率就能通过期权定价的方法计算确定。在此基础上计算出公司净值与资产价值一个标准差的波动幅度之比值，并将其定义为违约距离，即

违约距离 = 资产净值 /（资产市值 × 资产波动率）

其中，资产净值等于资产市值与违约点之差。

该指标融合了公司在信用方面的三个关键要素：资产价值、经营风险和财务杠杆。如果违约距离指标的分布已知，那么预期违约概率就可以看作资产价值低于违约点的概率。考虑到该指标的分布难以度量，KMV 公司将违约距离定义为公司资产价值偏离违约点的标准差倍数，再用历史数据决定相应的预期违约概率。虽然预期违约概率在设计之初是针对一般企业的，但对银行而言同样适用，因此有部分学者尝试采用 EDF 指标来度量商业银行的事前风险承担。

3.1.2 商业银行事中风险承担的度量

所谓商业银行的事中风险承担就是商业银行在经营过程中主动或被动承担各类风险的行为。商业银行在经营过程中面临风险的多样性使得与之相联系的风险承担行为多样化，不仅包括银行在开展信贷业务中为增加自身收益可能向信用较差的资金需求者出借资金而产生的信用风险承担行为，以及银行管理层偏好收益更高的中长期贷款进而发生资产负债的过度期限错配①,进而产生市场风险承担行为。还包括银行在利益驱使下往往会使其存贷比过高而产生流动性风险承担行为以及银行为降低成本致使内部监督管理机制和信息技术平台的不完善或失效而导致的操作风险承担行为。由于我国银监会制定的《商业银行操作风险管理指引》，要求银行建立有效的操作风险管理体系来识别、评估和监控操作风险，规定银行须及时报告重大操作风险事件、监测关键风险指标等，大大降低了银行的操作风险承担行为，因而对于银行事中风险承担的度量主要集中在信用风险承担、流动性风险承担和市场风险

① 期限错配是指银行的存款与贷款的期限往往不一致，呈现出“资金来源短期化、资金运用长期化”的现象。造成这一现象的原因很多，诸如我国融资模式单一，中长期融资过度依赖银行贷款，以及在各种考核压力下商业银行管理层更倾向于发放中长期贷款等。

承担方面。

3.1.2.1 风险加权资产占比

为对商业银行的事中风险承担行为有较好的把控，早在1988年巴塞尔银行监督委员会公布的《巴塞尔资本协议》(也被称为《巴塞尔协议I》)便提出了统一的资本的分类以及资产风险权重的衡量标准。随着商业银行业务经营范围的拓展，其面临的各类风险盘根错节，相互渗透，实在不容小觑。银行在日常经营活动中的风险承担行为不仅体现在表内业务上，还体现在表外业务上（如担保、承诺、金融衍生品交易等）；不仅体现在信贷业务上，还体现在其他资产业务上（如同业业务、买入返售、企业债券和金融债券投资、应收款项等）。2012年，我国银监会颁布的《商业银行资本管理办法》明确规定，商业银行风险加权资产包括信用、市场和操作风险加权资产。对于风险加权资产的计算方法包括权重法和内部评级法。

权重法按照资产类别将风险分为12类，为每一类分别规定了相应的权重，从而计算出风险加权资产总额。内部评级法则是按照银行账户风险暴露（即银行账户中受交易对手信用变化影响的表内外金融工具）的情况将其分为主权、公司、零售、金融机构、股权以及其他六类风险暴露。权重法和内部评级法计算表内信贷风险加权资产的公式大体相同，只是权重法的风险权重是由监管当局直接给定，而内部评级法的风险权重是由银行在计算客户信用评级、风险暴露、期限、违约损失率等指标后得到的。比如对于所有对公信贷资产，权重法下的风险权重均为100%，而内部评级法则会根据风险评级设置不同的权重，若评级为AAA级有抵押对公信贷资产，其风险权重仅为17.05%。风险加权资产占比的计算公式如下：

$$风险加权资产占比 = 风险加权资产总额 / 总资产$$

其中，风险加权资产总额 = 资产负债表内资产 × 风险权数 + 资产负债表外资产 × 转换系数 × 风险加权数

3.1.2.2 拨备覆盖率

拨备覆盖率的全称是不良贷款拨备覆盖率，它是监管当局考察商业银行在日常信贷业务活动中财务是否稳健、风险是否可控的重要指标，能从宏观上反映银行贷款的风险程度及社会经济环境、诚信等方面的情况。该指标在一定程度上可以作为

度量商业银行事中风险承担行为的指标。拨备覆盖率是实际计提贷款损失准备对不良贷款的比率，其公式为

拨备覆盖率 = 实际计提的贷款损失准备（包括一般准备 + 专项准备 + 特种准备）/ 不良贷款 ×100%[①]

我国在 2002 年出台的《贷款损失准备计提指引》规定了银行各项损失准备的计提时间和比例。目前，各商业银行的年报中都会公布这一指标。

3.1.2.3　流动性覆盖比率（LCR）和净稳定融资比率（NSFR）

流动性覆盖比率和净稳定融资比率两个指标是巴塞尔委员会在《巴塞尔协议Ⅲ》中提出的用来动态监督银行流动性风险的指标。LCR 主要衡量银行应对短期（30 天）流动性风险的能力，确保其能从短期流动性不足压力环境中得到恢复。NSFR 则衡量银行应对较长期（1 年）流动性风险的能力，促使银行减少短期融资的期限错配，使用长期的稳定资金和持久的融资渠道来支持资产运用和债务清偿。因此，这两个指标可以度量商业银行的流动性风险承担行为。

流动性覆盖比率的计算公式为

LCR= 优质流动性资产储备 / 未来 30 天的资金净流出量 ×100%[②]

净稳定资金比率的计算公式为

NSFR= 可用的稳定资金 / 业务所需的稳定资金[③]

3.1.2.4　在险价值（VaR）

在险价值（VaR）又称风险价值，是由 J.P.Morgan 投资银行提出的用于测算银行可能面临的市场风险的指标，该指标能较好地度量银行的市场风险承担行为。其定义是在给定置信水平下，一段时间内资产或其组合可能遭受的最大损失。[④] 换言

---

① 关于公式中一般准备、专项准备和特种准备的定义详见我国在 2002 年出台的《贷款损失准备计提指引》；关于不良贷款的介绍详见 3.1.3 中对不良贷款率指标的阐述。

② 关于优质流动性资产储备和未来 30 天的资金净流出量的具体内容详见中国银行监督保险委员会 2015 年公布修改的《商业银行流动性风险管理办法（试行）》。

③ 《巴塞尔协议Ⅲ》中界定了可用的稳定资金的内容，尽管我国 2015 年修改的《商业银行流动性风险管理办法（试行）》中并未包括此项指标，但中国人民银行新构建的 2016 年“宏观审慎评估体系”（MPA）的流动性指标中已包含此项。

④ 陆静. 金融风险管理 [M]. 北京: 中国人民大学出版社,2015:68.

之，在给定置信水平为 α，持有期为 Δt 的情况下，则该组合在持有期中损失超过这一给定 VaR 值的概率为 $1-\alpha$。

VaR 的数学公式为

$$Pr(\Delta W_{\Delta t} > VaR) = 1-\alpha$$

式中，Pr 为资产价值损失小于可能损失上限的概率，$\Delta W_{\Delta t}$ 是投资组合在持有期 Δt 内的损失，VaR 表示给定置信水平 α 下可能的最大损失值。

此外，还有学者采用其他指标来衡量商业银行的事中风险承担，如采用贷款与资产之比、不稳定融资资源占总负债之比以及资本与资产之比等指标来衡量商业银行的事中风险承担。

3.1.3 商业银行事后风险承担的度量

商业银行事后风险承担是指商业银行在经营过程中承担各类风险的损失或后果。实际上，商业银行的事后风险就是银行最终暴露出来的风险。总体而言，目前学术界在商业银行的风险承担方面，大多集中在对事后风险承担的度量方面，这主要因为反映事后风险承担的指标更加客观，也更易于统一，加之各国的监管当局都要求银行统计并上报这类事后风险承担度量的指标，数据也更容易获取。考虑到作为度量操作风险承担后果的指标，诸如每亿元资产损失率、每万人案件发生率、百万元以上案件发生比率等不易获取，且随着监管层的高度重视以及防范手段与技术的进步，近年来我国商业银行的操作风险承担行为得到了很好的遏制。鉴于此，对商业银行风险承担损失或后果的衡量可以采用度量信用风险、市场风险和流动性风险的单一风险维度指标或反映整体风险维度的综合风险指标。

3.1.3.1 单一维度风险下的事后承担度量指标

（1）不良贷款率

目前，我国商业银行按照国际金融业对银行贷款质量的公认标准——五级分类法区分信贷资产的质量和风险。所谓五级分类法是指通过对借款人现金流量、财务实力、抵押品价值等内部因素以及宏观经济、市场、行业等外部因素变化的连续监测和分析，建立动态监测信贷资产的内在风险程度，将贷款分为正常、关注、次级、可疑和损失五类，后三者被纳入不良贷款统计范畴[①]。值得注意的是，关于资产质量的分类，商业银行参考的标准是我国银监会于2007年发布的《贷款风险分类指引》，其中对于五级分类的划分标准和核心主要是各类贷款风险暴露的基本特征，这些特征包括借款人的还款能力、贷款的损失程度以及担保的情况等。商业银行往往根据每类信贷资产的主要特征，采用列举法进行界定和分类。由于不可能覆盖所有情况，因此该指标实际上具有一定的主观性。不良贷款率的计算公式如下：

不良贷款率 =（次级类贷款 + 可疑类贷款 + 损失类贷款）/ 各项贷款总额

（2）存贷比和流动性比例

存贷比和流动性比例反映商业银行可能遭遇的流动性风险，可作为度量商业银行事后流动性风险承担的指标。

存贷比也称贷存比，是指商业银行的贷款余额与存款余额之比值，其公式为

存贷比 = 贷款余额 / 存款余额 ×100%

该指标值越大表明银行流动性越差，流动性风险越大。1995年我国通过的《中华人民共和国商业银行法》将存贷比指标以法律形式确立下来，规定我国银行业存贷比不得超过75%。不过伴随银行业改革的深化以及经济下行的压力，2015年10月修订实施的《中华人民共和国商业银行法》删去了存贷比例的要求，将其由法定监管指标转为流动性监测指标。

流动性比例是指商业银行的一个月内到期的流动性资产与流动性负债的比率，是监测商业银行短期流动性状况的指标，其公式为

流动性比例 = 流动性资产余额 / 流动性负债余额 ×100%

（3）利率敏感性缺口与净外汇敞口

根据《中华人民共和国商业银行法》的规定，商业银行不能直接涉足股票及商品市场，因此其面临的市场风险主要包括汇率风险以及交易账户和银行账户的利率风险，尤其是银行账户的利率风险。利率敏感性缺口与净外汇敞口能较好地度量我国商业银行的市场风险承担的后果。

利率敏感性缺口是衡量利率变动对银行当期收益影响的一种方法，一般用利率敏感性资产与利率敏感性负债差额的绝对值表示。这一缺口会造成银行净利息收入

① 各分类的具体定义详见《金融学（第三版）》（黄达）。

的变动。若用ΔNI表示银行的净利息收入，ΔR表示利率变动的程度，G表示利率敏感性缺口，则有$\Delta NI = \Delta R \times G$。可见，即使市场利率发生相同幅度变动时，商业银行的净利息收入的变化也将随着商业银行利率敏感性缺口G的增大而增大，进而商业银行的收益或损失的变动也将增大。因此，该差额（缺口）的绝对值越大，银行面临的利率风险也越大。

外汇敞口则是衡量汇率变动对银行外汇交易风险影响的方法，外汇敞口主要是指当银行表内、表外业务中货币不相匹配时，出现的银行多头头寸与空头头寸之间的差额。净外汇风险敞口头寸为银行汇率敏感性外汇资产减去汇率敏感性外汇负债的余额，该指标值越大表明银行面临的市场风险也越大，具体公式为

净外汇风险敞口 = 净外汇资产 + 净外汇购入

= （外汇资产 − 外汇负债）+（外汇购入 − 外汇售出）

3.1.3.2 整体维度下的事后风险承担度量指标

单一维度的风险指标不能反映银行整体的风险承担水平，事实上，不论银行存在较大的信用风险还是流动性风险抑或市场风险等，最终的结果都导致银行面临破产风险。如若将银行看作一般性的公司，那么其可能存在的破产风险就可以看作银行整体风险承担的直接体现，破产风险的概率越大，说明银行主观的风险承担也越大，故可以将破产风险作为衡量单家银行整体事后风险承担的替代变量。此外，根据马科维茨（Markowitz）的证券投资组合思想以及夏普（Sharpe）在其基础上建立的资本资产定价模型（CAPM），还可以通过银行收益的市场波动率来衡量银行风险（承担）。Demsetz 和 Lehn（1985）则率先采用银行股票日收益的标准差衡量银行风险（承担）。综上所述，度量单家银行整体风险维度事后风险承担的指标主要包括衡量银行破产风险和市场收益波动率两方面的指标。

（1）银行破产风险指标

银行的破产风险可以定义为银行的资本不足以抵补银行损失的状态，若用E表示银行的股东权益，π表示银行的利润，则当$E = -\pi$时，银行面临破产风险，且破产风险的概率为$Prob(E < -\pi)$，因为所谓的破产即为损失超过资本缓冲抵补的状态。如果用A表示银行的资产，那么E / A表示股东权益占总资产的比率，用CAR表示，而π / A表示总资产利润率，用ROA表示，将银行破产概率$Prob(E < -\pi)$中

不等式两边同时除以 A，那么银行破产的概率可以表述为 $Prob(CAR<-ROA)$。当 ROA 服从正态分布时，便可以得到用其标准差 $\sigma(ROA)$ 标准化了的破产概率表达式。

Boyd 等（1993）在研究银行控股公司并购非金融企业中的风险时提出用 Z-score 指数来测度银行破产概率以衡量银行的破产风险。此后该指标被普遍用作银行破产风险的度量指标①。Z-score 指数的计算公式为

$$Z=\frac{ROA+CAR}{\sigma(ROA)}$$

由上式可知，Z 指数越大，银行的破产概率越小，银行的整体风险承担水平也越低。由于 Z-score 指数仅仅是学术界探讨的用于度量商业银行破产风险的指标，而非官方统一的度量指标，因此在具体的实证检验中，计量方法稍有不同。为了更为直观地反映银行破产概率与风险承担之间的关系，可以采用 Z-score 指数的倒数作为代理变量，这样 Z-score 指数的倒数越大，则银行的破产风险越大。也可以在上述 Z-score 指数倒数的基础上稍做变形，并采用其平方值得到银行破产风险指数 $INSO$，这样可以避免在实际计算中 Z-score 指数的值为负值的少数现象。具体而言，第 i 家银行第 t 期的破产风险指数 $INSO_{it}$ 可以记为

$$INSO_{it}=\sigma^2(ROA_{it})/[E(ROA_{it})+CAR]^2$$

其中，$E(ROA_{it})$ 表示第 i 家银行第 t 期的资产收益率 ROA_{it} 的期望值，从而 $INSO_{it}$ 的值越小，银行的破产风险越小，风险承担也越小。

（2）市场价格和收益波动指标

夏普（Sharpe）的证券市场线公式可以计算单个银行的总风险、非系统性风险和系统性风险。目前，由于中国股市还不够完善，采用市场波动指标衡量银行风险承担的条件还不够成熟：截至 2016 年底，我国 A 股上市的银行仅 24 家，其中有 8 家均在 2016 年 8 月以后才上市，样本数量不够充足，上市时间不够长久，股票交

① 值得注意的是，这里的 Z-score 指数不同于美国金融经济学者 Edward Altman（1968）提出的 Z-score 指数模型。Edward Altman（1968）通过多变量统计方法，采用 22 个财务比率经过数理统计筛选建立了 5 个变量的 Z-score 指数模型，从而对企业的运行状况、破产与否进行分析和判别。这 5 个变量分别是：X_1= 营运资本 / 总资本；X_2= 留存收益 / 总资产；X_3= 息税前收益 / 总资产；X_4 = 权益市价 / 总负债账面价值；X_5 = 销售收入 / 总资产。企业的违约概率为 p，则 $p=W_1X_1+W_2X_2+W_3X_3+W_4X_4+W_5X_5$，其中，$W_1$、$W_2$、$W_3$、$W_4$、$W_5$ 分别是对应的每种特征所占的权重比例。

易的数据不够完整。因此如果要利用现有样本数据来估算商业银行的风险承担，会造成研究结果的偏差，影响用市场波动率方法衡量的准确性和代表性。目前，我国有少数学者（金鹏辉和张翔，2014）采用银行收益的市场波动率来衡量商业银行风险承担。要从银行股票收益率的波动中识别银行的风险承担，可以建立收益波动率与银行风险承担关系的模型，其表达式为

$$return_{bank,t} = \beta_m return_{m,t} + \beta_1 \Delta i_t + \varepsilon$$

其中：$return_{bank,t}$ 和 $return_{m,t}$ 分别表示银行业指数的日收益率和市场的日收益率；Δi_t 代表利率的变化；β_m 代表银行业和经济系统的相关性，β_m 越大则经济系统的波动对银行业的影响越大，银行承担的系统性风险越多；β_1 代表银行对利率调整的敏感程度，β_1 越大则银行的资产和负债存在较大的期限错配，银行承担的利率风险越大。

3.2 商业银行风险承担的影响因素

由第 2 章商业银行风险承担的理论基础可知，商业银行的风险承担是一个复杂的行为过程，会受到很多因素的影响。由于本书研究的主题是货币政策对商业银行风险承担的影响，为了突出货币政策这一影响因素，笔者在本节中仅重点剖析货币政策之外的其他因素对银行风险承担的影响，这些因素包括公司内部治理结构、银行微观特征、政府监管和市场因素等外部约束，以及市场结构和宏观经济环境等。关于货币政策对银行风险承担的影响机理将在第 5 章详细阐述。

3.2.1 基于公司内部治理视角下的银行风险承担影响因素

20 世纪 80 年代，美国银行业出现了系统性风险，2 000 多家存贷机构倒闭，造成约 4 500 亿美元的损失[①]。造成这一现象的主要原因是商业银行内部错综复杂的利益关系影响了银行的风险承担。基于商业银行内部各利益关系的公司内部治理视

① 曹廷求, 王营, 位华. 商业银行治理机制和风险承担行为：一个文献回顾 [J]. 山东大学学报（哲学社会科学版），2011(5):1-7.

角来剖析其风险承担行为的研究随之兴起。概括而言，商业银行的公司治理对其风险承担行为的影响主要体现在股权结构、董事会制度和高管层风险偏好三个方面。

3.2.1.1　股权结构对银行风险承担的影响

股权结构是公司内部治理中最核心的部分，其对银行风险承担的影响主要体现在股权集中度和股东性质两方面。从股权集中度看，一般而言，由于对银行有控股权的股东容易从关联交易中套取资金，他们可能在决策时更愿意选择牺牲银行的整体利益而追求自身利益最大化。因此，股权较为集中的银行比股权较为分散的银行在风险偏好上更激进，且第一大股东持股比例越高，银行从事高风险承担的概率越大。从股东性质看，股东性质，尤其是掌握控制权的股东的性质对银行风险承担有着较大影响。研究表明，在隐性存款保险制度和所有者缺位的情况下，若第一大股东的性质为国有股且持股比例越高，银行越倾向于承担更多的风险。这主要是因为国有银行都在政府的安全网庇佑下，使得委托人（政府）对代理人（银行高管）监督不力，代理人容易为了追求自身利益最大化而不顾银行的整体利益和广大投资人及存款人的利益，铤而走险增加风险承担。但如若政府增大在商业银行管理中的监管力度，及时把控风险，那么国有控股的政府性质就能从内部加强对商业银行董事会和管理层的约束，使其在经营决策中更加看重稳定性，这时国有股比例的增加反而会降低商业银行的风险承担。自 2004 年我国国有商业银行全面实行股份制改革以来，国有银行不断优化公司治理结构，提高风险防范意识，努力实现稳健经营，国有控股在某种程度上降低了商业银行的风险承担。

3.2.1.2　董事会结构对银行风险承担的影响

董事会是股东的信息传递机制，有效的董事会结构即董事会的规模及其独立性等能缓解股东与管理者之间的委托代理问题，从而减少股份制商业银行的风险承担行为。从董事会的规模看，规模越大，会在一定程度上分散控股股东的控制力，抵消部分由于股东集中带来风险承担上升的影响，降低风险。董事会规模越大意味着成员数量越多，学缘结构越多元，越容易在专业知识和管理经验上形成互补，提出越多有利于银行决策的不同意见，从而降低风险承担。反之，董事会规模越小，成员越少，董事会越缺乏限制，越与控股股东利益趋于一致，此时银行往往更偏好风险承担。从董事会的独立性看，理论上，若银行董事会的独立性越大，独立董事[①]占比越高，越能发挥好监督协调的作用，从而能更好地控制风险，保障银行的稳定经营，商业银行的风险承担应该越低。我国早在2001年便引入了独立董事制度以协调大股东和中小股东的利益，但实施效果似乎不大理想，原因可能主要在于独立董事制度不健全，董事会的独立性并不能体现为独立董事占比的增加。

3.2.1.3 高管层的风险偏好对银行风险承担的影响

商业银行的风险承担和风险管理决策在很大程度上取决于高管层自身的风险偏好和风险承担，而后者又受到高管激励制度和高管自身特质的影响。高管激励包括高管薪酬激励和股权激励。总体而言，银行高管的薪酬水平越高、持股比例越高，激励程度越大，银行的风险承担也越大。这是因为当高管层在获得固定报酬时，他们不会受到银行业绩优劣的影响，但银行破产却会使他们失去工作，进而影响其个人利益，因此他们会厌恶风险，从而减少甚至限制银行资产的风险承担行为。而当对高管层实行奖金制度或股权、期权激励制度时，其利益则与股东利益更一致，会增加资产风险。不过，激励制度究竟产生何种影响还要因高管层的认知基础、价值观、洞察力等特质而异。高管层的特质虽然难以观察或量化，但可以通过高管层的年龄、性别、学历、任期、从业经历等方面反映出来。部分研究表明：高管学历可能与银行风险承担呈正相关关系，因为学历越高，分析能力越强，信心越充足，越偏好风险承担；高管年龄可能对商业银行风险承担的影响呈倒U形，因为年轻高管愿意主动承担风险，年老高管则倾向于降低风险承担；高管任期可能对商业银行风险承担的影响也呈U形，因为任职初期的高管更注重提高经营管理水平和资金的安全性，随着任职期限增加，为获得晋升铤而走险，增加风险承担。

3.2.2 基于外部管制视角下的银行风险承担影响因素

尽管是否应该对银行业实施严厉的监管一直是学术界和实务界争论的焦点，似乎每一次金融危机的爆发后，政府便会加强对银行业的监管。而随着危机阴霾的散去，政府又会适当地放松。但是从来没有哪一个国家完全放任银行自由经营，政府

① 独立董事是指不在公司担任除董事外的其他职务，并与其所受聘的公司及其主要股东不存在可能妨碍其进行独立客观判断的关系的董事。

当局清楚地认识到银行业风险的爆发将会对社会经济带来巨大冲击和危害。作为各国银行监管框架设立的标杆，巴塞尔银行监督管理委员会提出《新巴塞尔协议》的三大支柱，即监察审理程序（Supervisory Review Process）、最低资本要求（Minimum Capital Requirements）以及市场制约机能或市场自律（Market Discipline）成为各国金融当局对银行业实施外部管制，构建与之实际相符的银行监管体系的重要依据。

3.2.2.1 最低资本要求对银行风险承担的影响

为抵御商业银行在经营过程中面临的林林总总的风险，1988 年巴塞尔委员会制定了《关于统一国际资本衡量和资本标准的协议》，即《巴塞尔协议Ⅰ》，明确提出了防范风险之最低资本要求，并详细列举了资本的构成和统计口径、信用风险加权系数和资本充足率的计算方法。2004 年，巴塞尔委员会签署通过了《资本计量和资本标准的国际协议：修订框架》，即《巴塞尔协议Ⅱ》，将风险范围扩大到市场风险和操作风险，提出多种计算模型，并指出最低资本要求是《新巴塞尔协议》三大支柱中的第一支柱。2010 年出台的《巴塞尔协议Ⅲ》更是对最低资本金的比例做出了新的规定，将商业银行的一级资本充足率下限调高至 6%，由普通股构成的核心一级资本下限上调至 4.5%，并要求银行设立资本防护缓冲资金。尽管最低资本要求作为一项重要的监管措施被诸多国家采用，但从逻辑上说，最低资本要求对商业银行风险承担行为既有制约作用又有激励作用。

众所周知，银行的设立首先需要一定的自有资金，这也是银行对外筹措资金的基础。然而资金来源的性质不同使得其在利益分配方式上也存在不同。在银行正常运营时期，债权人不论经营状况如何都只能分到固定收益，但股东却能分享到与银行经营业绩相挂钩的红利；在银行面临资不抵债的情况下，债权人可能会面临本金和利息的损失，而股东在有限责任保护下最多损失其出资金额。股权和债权的风险与收益不对称性决定了自有资本越低的银行会尽可能地加大借贷杠杆，从事高风险高收益的投资项目，实现股东利益最大化。若规定最低资本下限，银行在经营中便有了维持偿还能力和抵御风险的“缓冲器”，能减少股东的道德风险和风险转嫁行为，降低股东冒险从事高风险投资的意愿，并且银行自有资本的比例越高，银行股东承担经营风险和损失的能力越强，选择高风险项目的概率越低。因此较高的资本水平能增加银行的安全性与稳健性，抑制银行的风险承担行为。与此同时，在最低资本要求的管制下，若要求的资本下限相对过高，银行要筹集到相同的资金，所需的自有资本会增加，继而使银行资金成本增加，这将会激励银行为寻求高回报项目以弥补资本成本的上升，冒险承担更多的风险。因此，较高的资本水平又可能会抑制银行的风险承担行为。那么，最低资本要求对商业银行风险承担的影响究竟是激励多一些还是约束多一些，在很大程度上需根据各国国情、银行自身的特征以及法律环境等因素而定。

3.2.2.2 政府监管对银行风险承担的影响

商业银行的经营原则——盈利性、流动性和安全性之间具有矛盾，如果依靠商业银行的自主管理和行业自律，可能会轻安全性而重盈利性；如果依靠私人部门实施监督，可能又面临因监督成本太高、监督效力不足而无法正常开展或效率过低的难题；如果依靠存款人等利益相关者监督，在存款保险制度的庇护下，存款人没有动力也没有能力开展有效监督。因此，政府监管在一定程度上能改善市场监督缺失和市场失灵的困境，并降低商业银行风险承担行为。政府监管主要包括银行市场准入监管、经营业务监管、经营风险指标监管和市场退出监管四个方面。银行市场准入监管包括对银行设立时的注册资本金额、机构的设立、银行经营范围以及高管的审批等方面进行监管，从源头上保证银行的资金实力与其经营业务相适应；经营业务监管是对银行调增或调减业务经营范围和品种进行审批，对银行的日常经营业务进行监管，避免银行涉足与管理水平不相匹配的高风险投资领域；经营风险指标监管是对银行经营过程中可能涉及的信用风险、流动性风险、市场风险、操作风险、法律风险等进行全面的监管并通过规定银行各风险指标的边界约束商业银行的风险行为；市场退出监管是对那些长期经营管理不善，出现严重信用危机甚至资不抵债、风险暴露的问题银行进行紧急救助或采取有组织、有计划的退出程序，防止金融风险的扩大和蔓延。总体而言，银行的准入限制、注册资本的要求会增加银行特许权价值，从而降低银行风险承担；政府在经营范围和风险指标上的限定和监管，以及市场化的退出制度能在一定程度上约束并降低银行的风险承担行为。不过若政府在市场退出中担任最后贷款人的角色，则容易带来道德风险问题，增加银行的风险承担。

3.2.2.3 市场约束对银行风险承担的影响

市场约束主要是指存款人、债权人、银行的股东和交易对手等利益相关主体会及时关注银行的经营情况，并在其认为必要的时候采取措施影响金融市场上利率和资产价格,从而对该银行的经营产生约束作用[①]。市场约束之所以能对银行风险承担产生影响，是因为银行利益相关者会通过市场化的约束机制改变商业银行经营的风险成本，进而影响银行风险承担行为。具体来说，市场约束的主体主要是存款人、债权人以及银行非控股股东。市场约束的过程大致包括监督和影响两个过程：市场约束主体先通过银行披露的信息观察并监督银行的风险承担行为，一旦发现银行存在增加其风险承担的行为，便会通过转移存款、抛售债券和股票抑或提高存款利率、压低债券和股票的价格，以及增设次级债券限制性条款等方式提高银行经营成本，进而降低银行风险承担。

市场约束的有效性取决于两个前提条件，一是政府安全网（诸如存款保险制度或央行最后贷款人职能等）的保障程度，二是银行风险承担意愿和行为的可观测程度。其中，银行风险承担意愿和行为的可观察性依赖于信息披露的完善性，这是市场约束能正常发挥作用的客观条件；政府安全网的保障程度决定了银行会否以及在何种程度上为其风险承担行为和后果买单，这是市场约束能正常发挥作用的必要条件。只有建立在银行信息披露充分完善、银行必须为风险承担行为支付风险溢价成本的前提下，存款人、债权人以及银行非控股股东才具备客观条件和主观意愿去监督银行的风险承担行为，从而保证资金的安全性。

综上所述，对于诸如美国等发达国家，由于其市场化水平高、信息披露相对完善，对存款价格（即存款利率）和数量方面的市场约束在一定程度上降低了银行风险承担。但发展中国家由于金融体系的市场化程度以及信息披露的程度不同，存款价格约束作用不尽相同。此外，债务合约中的限制条款、次级债券价格或收益等市场约束在影响银行风险承担方面起到了一定的作用。就我国的情况而言，由于信息披露制度不健全、长期隐性存款保险制度等因素弱化了市场约束在影响银行风险承担的作用。

① 巴曙松, 王文强. 次级债市场发展与中国商业银行资本金结构调整 [J]. 中国人民大学学报,2005(1):66-73.

3.2.3 基于银行微观特征视角下的银行风险承担影响因素

商业银行的资产状况、利润率等财务报表方面的微观特征也会对其风险承担产生影响，笔者拟从银行规模、盈利能力、流动性三方面论述银行的微观特征如何影响银行的风险承担行为。

3.2.3.1 银行规模对风险承担的影响

目前，关于银行规模对风险承担的影响莫衷一是，主要有三种代表性的观点：一是认为银行规模与风险承担之间呈反向变动关系（张雪兰等，2012）；二是认为银行规模与其风险承担水平呈正向变动关系（危勇，2008）；三是认为银行规模与风险承担之间呈 U 形关系（宋清华等，2011）。总体而言，银行规模越大，银行的多元化资金运用能力和风险管理能力就越强，银行越容易分散风险，银行的风险承担水平越低。然而当银行规模已经大到了公认的“大而不倒（too big to fail）”的程度，这时不论是银行股东还是债权人抑或是其他利益相关主体都会认为该银行已处于政府的安全网保护下，坚信即使其经营业绩不佳，甚至达到资不抵债的程度，政府也会基于对金融体系风险的脆弱性和传递性的考量，最终采取救助措施来避免该银行倒闭所产生的多米诺骨牌效应。在这一考虑下，势必产生道德风险和“搭便车”现象，银行将倾向于承担更大的风险。因此，银行规模与风险承担之间应该是 U 形的相关关系。随着银行规模的不断增大，一开始银行会因为其多元化投资和风险管理能力的提高而增加银行的盈利性和安全性，从而降低风险承担，但当银行规模达到一定程度后，受到“大而不倒”观念的影响，银行会过度自信，进而增加其风险承担水平。

3.2.3.2 银行盈利能力对风险承担的影响

关于盈利能力对银行风险承担影响的研究大多散见于一些实证研究结论，样本个体、数量及时期选择的不同，都可能会产生不一致的结论。Altunbas 等（2009）利用美国和 14 个欧盟国家的 1 100 余家银行数据进行实证研究，得出盈利能力越强的银行，其经营效率也较高，风险承担越低，而那些盈利水平较低的银行为改善自身的经营状况，往往更愿意增加风险承担。但 Altunbas 等（2010）又指出，危机发生前，取得较高利润水平的银行恰好是那些承担风险最多的银行。笔者认为，关于盈利能力对风险承担的影响不能孤立地看待并粗略地下定论，要看其高盈利性是否可持续。如果商业银行的高盈利性是因为自身的高经营效率带来的（诸如大力发展了无风险中间业务、提升了产品和服务的质量与水平、扩大了市场份额等），这样的高盈利性是可持续的，银行无须主动增加风险承担意愿便能维持较高的盈利水平，此时盈利性与风险承担呈负相关关系。但如若商业银行的高盈利性是因为从事了高风险投资，比如受到银行市场持续增加的竞争压力以及信贷扩张的影响，银行为提高利润和满足资金市场的期望会放松信贷标准，只不过在经济发展初期尚未显露出来，这样的高盈利显然是不可持续的，长此下去势必导致风险暴露增加，这时盈利性便与银行的风险承担呈正相关关系。

3.2.3.3 银行流动性对风险承担的影响

一般而言，在不考虑其他因素的前提下，单个银行自身流动性状况越好，在应对紧急支付危机中越具有明显的优势，银行资产的安全性越高，银行的主动风险承担意愿越小。当然，即使银行充裕的流动性是受到市场经济状况不佳、融资需求量不高、贷款积极性不强等因素影响所致，这也反映了银行管理者对未来的预期较为悲观，从而主动降低风险承担意愿和水平，出现“惜贷”“慎贷”的现象。从另一角度来看，银行要保证充足的流动性就必须持有更多的现金或准现金等无风险资产，这就意味着银行的资金持有成本（包括机会成本和储存成本）较大。银行为达到既定的利润率，就必然会提高投放到市场中的风险资产的收益率。由于风险与收益犹如硬币的两面，总是相伴相随的，收益率的提高意味着银行投放到市场的资产的风险性也随之增加，银行的风险承担也必然增大。特别是在信息不对称的情况下，如果银行管理层的收入与其贷款规模挂钩，那么银行的流动性越充足，银行管理者扩大贷款规模的动机就越强，从而银行承担风险的意愿就越强。

3.2.4 基于经营环境视角下的银行风险承担影响因素

银行所面临的经营环境如银行业的市场结构和竞争程度、社会经济环境、经济周期、通货膨胀以及货币政策等都会影响银行的风险承担行为。

3.2.4.1 市场竞争环境对银行风险承担的影响

20 世纪 30 年代的经济大萧条引发了学者们对银行业风险与竞争之间关系的思考。市场上银行的数量越多，银行业竞争越剧烈，银行越容易出现为争夺市场份额和提升利润空间而伴随的激进冒险行为，致使高风险的资金需求方筹措到资金的机会增加，从而不利于银行体系的稳定。限制银行业竞争并将现有在位银行的垄断租金水平即银行的特许权价值提到一个较高水平，能促使银行更加珍惜来之不易的垄断地位，较好地避免银行因过度风险承担行为而面临破产的境地。因此，那时各国的公共政策制定者都坚信竞争与稳定之间存在此消彼长的关系，要想维持银行体系的稳定，就应从政策法规上限制银行业的竞争。

随着 20 世纪 80 年代后金融全球化、自由化的程度增加，银行业的竞争越发激烈，银行业的特许权价值降低。在此情形下，银行业激烈的市场竞争似乎不仅不会增加银行体系的风险性，反而会提高银行经营效率和盈利水平，减少信息不对称，有利于银行业的稳定。这是因为处于垄断地位的银行会通过压低存款利率，提高贷款利率，形成较高的存贷利差的形式来维持其垄断利润，其后果是加剧了逆向选择或道德风险现象，从而增加商业银行的风险承担，最终增加银行的风险，危害金融稳定。首先，信贷市场上的道德风险会加剧，因为贷款利率的上升意味着在相同条件下资金需求方的利息支出会增加，这会直接导致资金需求方经营成本的上升，为维持原有的利润空间，资金需求方会投资风险较大、回报率较高的项目以弥补成本的增加对利润空间的挤压。其次，在信贷市场会出现更多的逆向选择行为，因为愿意并能够接受较高贷款利率的资金需求方往往是风险较高的投资主体，低盈利低风险的投资主体面对较高的贷款利率只能望而却步，最终与银行签订信贷协议的往往是将资金投向高风险高收益项目的资金需求方。而竞争则会使银行经营效率提升，供给产品的价格下降，进而资金需求方的成本降低，利润空间增大，偿债能力提升，从而增加银行体系的稳定。综合上述两种观点，竞争与风险承担之间可能是 U 形的关系，在竞争初期，银行的风险承担会随着竞争程度的增加而降低，但当竞争不断加剧，导致增加冒险行为带来的边际利润高于增加保守行为带来的边际利润时，银行的风险承担又会呈上升趋势。

事实上，商业银行风险承担行为的影响因素十分繁杂，且各因素之间还可能交互影响。例如，在没有最低资本要求的限制下，处于高竞争度和高垄断性两类市场中的银行会选择赌博性投资项目，但在有最低资本要求限制下，银行业市场的集中度和竞争情况则不会影响银行的风险承担行为，银行通常选择谨慎性的投资项目。因此，关于如何降低银行的风险承担行为，增强金融稳定的话题在过去及未来很长一段时间内都会成为学术界讨论研究的焦点。

3.2.4.2 经济周期对银行风险承担的影响

西方主流经济学理论指出，经济处于复苏或繁荣时期，消费者的有效需求会增加，这会引致企业对资本和劳动要素的需求增加，以扩大生产和销售规模来赚取更多的利润，这一扩张的过程必然会增加对银行信贷资金的需求。而与此同时，投资者对未来的乐观情绪又会传递到银行管理层，银行也出于对经济形势乐观的预判不断扩大融资规模，增加信贷资金额度以实现资金使用效率的最大化，从而有意或无意识地降低自身的风险识别度和容忍度，增加风险承担行为，这又进一步刺激了实体经济的增长。反之，在经济衰退或萧条时期，实体经济会降低资金需求，同时银行亦会表现得厌恶风险，出现“惜贷”行为，这样又会进一步加剧实体经济的衰退。上述现象也被称为银行体系乃至金融行业的顺周期性行为。

3.2.4.3 通货膨胀对银行风险承担的影响

从通货膨胀的财富转移效应看，通货膨胀有利于债务人而不利于债权人。这是因为通货膨胀使未来收入流的现值大打折扣，人们愿意选择在当前多举债来进行投资和消费，而在未来归还已经贬值了的货币资金。因此，在通货膨胀条件下，银行信贷资金需求旺盛，自然形成较高的均衡资金价格，增加了银行的风险承担水平。同时，通货膨胀会造成人们对货币进一步贬值的预期，导致流通中的囤积居奇行为。居民扩大消费、厂商扩大生产规模，进一步增加对银行信贷资金的需求，最终增加商业银行的风险承担水平。此外，温和的通货膨胀预示着未来经济向好发展，这时，无论消费者、企业抑或银行都会形成持续增长的乐观预期，故而会在投资举措上表现得较为激进，增加承担风险的意愿和行为。

3.2.4.4 货币政策对银行风险承担的影响

特别要指出的是，宏观经济环境中货币政策环境或中央银行的政策立场也会影响商业银行的风险承担。货币政策作为重要的经济政策在很大程度上反映国家对宏观经济形势的态度立场和调控方向，商业银行在开展业务选择风险承担时就不得不考虑货币政策调控的影响。自 2008 年金融危机后，货币政策对商业银行风险承担的影响受到了社会各界的广泛关注，他们认为宽松的货币政策可能会刺激商业银行的风险承担行为。这正是本书研究的主要内容，笔者将在后续章节中对此进行详细剖析。值得注意的是，在金融全球化、经济一体化的大背景下，国际资本通过贸易和信贷等途径流动得越发频繁，利率与汇率的相关性越发紧密，因此国内货币政策的制定一定要考虑国际货币政策环境，国内利率水平须与国际利率水平保持联动关系，否则可能会导致汇率的剧烈波动。例如，若在国际量化宽松的货币政策环境下，一国实行紧缩的货币政策，国内的均衡利率会明显高于国际均衡利率，此时除非实行最严厉的汇率管制，否则不能避免国际资本通过各种渠道涌入该国，最终导致该国货币大幅升值。因此，商业银行的风险承担不仅受到国内货币政策环境的影响，还受到国外货币政策环境的影响，并且开放程度越高的国家，其商业银行风险承担受国际货币政策环境的影响会越明显。

4 我国货币政策工具与中介目标选择的实践

上一章详细阐述了货币政策之外影响商业银行风险承担的内外部因素。自2008年金融危机爆发后，学术界与实务界认识到货币政策这一重要的宏观经济环境因素可能会对商业银行的风险承担产生影响，宽松的货币政策环境也许会成为滋生商业银行过度承担风险的温床。为了紧扣研究主线——货币政策与商业银行风险承担的关系，本章旨在详实地阐述我国货币政策在工具选择和中介目标选择方面的演进与现状，为后续章节的论证提供现实依据。

4.1 我国货币政策工具选择的实践

货币政策工具是中央银行为了达到货币政策目标[①]而采取的手段，其目的在于影响金融体系准备金的数量和货币资金的价格水平，进而影响商业银行等金融机构的信贷资金量和信贷活动，从而调节和控制市场中的货币供给量，最终影响国民经济的运行。根据《中华人民共和国中国人民银行法》第二十三条，我国央行可以运用的货币政策工具包括存款准备金、中央银行基准利率、再贴现和再贷款、公开市场操作以及国务院确定的其他货币政策工具。1998年以前，我国的货币政策多采用具有鲜明的行政指令性和控制性特征的信贷规模控制、现金计划、利率管制等直接调控工具。1998年以后，我国取消了信贷规模控制，开始运用存款准备金、再贴现和再贷款、公开市场业务等间接调控工具来干预货币供给总量。这标志着我国货

① 《中华人民共和国中国人民银行法》第三条明确规定我国货币政策目标是保持货币币值的稳定，并以此促进经济增长。

币政策工具开始从具有行政指导色彩的“直接型”向市场自发调节的“间接型”转变。2015年，央行放开存款利率浮动上限，意味着存贷款利率管制等“直接型”货币政策工具逐步淡出历史舞台，央行将更多地运用具有市场性特征的“间接型”货币政策工具达到影响金融体系流动性和调节经济的目的。根据货币政策工具所影响的货币政策中介目标的不同，可以将其分为数量型货币政策工具和价格型货币政策工具。

4.1.1 数量型货币政策工具的选择

数量型货币政策是指中央银行侧重于通过直接调节货币供应量来调控宏观经济。数量型货币政策工具主要包括法定存款准备金政策、公开市场业务、再贴现和再贷款政策三种。

4.1.1.1 法定存款准备金率

法定存款准备金（以下简称存款准备金[①]）是指中央银行为保证金融机构满足客户提取存款和资金清算的需要，要求金融机构必须按照存款总额的一定比例存放在央行的存款。这一比例就称为法定存款准备金率（以下简称存款准备金率）。英国是第一个建立存款准备金制度的国家，而美国则是第一个以法律的形式将这一制度确定下来的国家。虽然存款准备金率制度建立伊始的目的在于确保金融机构资金的流动性和对客户的支付清算能力，但由于存款准备金率的调整直接影响金融机构的可贷资金和信贷扩张能力，最终引起货币供应量的变动，因而逐渐演变成中央银行的货币政策工具。这一工具在促进金融机构稳健经营、调控货币信贷数量、调节货币市场流动性和利率等方面发挥着重要作用。特别需要指出的是，存款准备金率影响货币乘数的大小，即使很小幅度的调整，也会引起货币供给量的巨大波动，故被认为是最猛烈的货币政策工具，多数国家的中央银行并不将其作为调控货币供给的日常性工具。

我国从1984年开始实施存款准备金制度，最初的目的主要是防止金融机构因发放大量贷款而导致流动性和支付能力不足，所以存款准备金率随存款种类不同而

---

① 严格意义上讲，存款准备金分为法定存款准备金和超额存款准备金。除非特别指明，本文中的存款准备金（率）指的是法定存款准备金（率）。

有所差别[①]。1998 年，为使我国经济尽快走出低迷，中国人民银行将存款准备金和备付金合并为准备金存款，并降低存款准备金利率以刺激内需。2004 年起，人民银行开始探索依据资本充足率水平、贷款去向情况[②]以及资产规模等特征对金融机构实行差别存款准备金率制度，以发挥差别存款准备金率的正向激励与约束功能。截至 2021 年 12 月，我国的存款准备金率共经历了 58 次调整，其中 1985—2002 年这十余间仅调整了 5 次。2003 年，部分行业投资增长过快，中国人民银行再次尝试运用存款准备金率调节经济。特别是 2006 年以来，中国人民银行频繁调整存款准备金率，使其成为中国人民银行的主要货币政策工具。据统计，2003 年至 2021 年法定存款准备金率共调整了 53 次，详见表 4-1。

表 4-1　2003 年至 2021 年我国法定存款准备金率调整一览表[③]（单位：%）[④]

序号	公布日期	执行日期	大型存款类金融机构人民币存款准备金率	中小型存款类金融机构人民币存款准备金率
1	——	2003-09-21	7.00	7.00
2	——	2004-04-25	7.50	7.50
3	——	2006-07-05	8.00	8.00
4	——	2006-08-15	8.50	8.50
5	——	2006-11-15	9.00	9.00
6	2007-01-05	2007-01-15	9.50	9.50
7	2007-02-16	2007-02-25	10.00	10.00
8	2007-04-05	2007-04-16	10.50	10.50
9	2007-04-29	2007-05-15	11.00	11.00
10	2007-05-18	2007-06-05	11.50	11.50
11	2007-07-30	2007-08-15	12.00	12.00

① 企业存款的准备金率为 20%，储蓄存款为 40%，农村存款为 25%。（汪洋，2009）

② 为增强金融机构支持结构调整的能力，中国人民银行对支持“三农”、小微企业以及重大水利工程建设的金融机构实行差别存款准备金率，定向降准。

③ 表中未列示仅针对部分机构定向降准的情况。此外，2019 年 5 月 15 日起，中国人民银行对服务县域且规模满足条件的中小银行实行与农信、农合金融机构等持平的存款准备金率。由于这类机构的规模较小，表中也未列示这类机构的存款准备金率。

④ 资料来源：根据中国人民银行官网以及南方财富网的公布的数据整理得到，http://www.southmoney.com/lilv/zhunbeijinlv/202 201/21 614 834.html。

续表

序号	公布日期	执行日期	大型存款类金融机构人民币存款准备金率	中小型存款类金融机构人民币存款准备金率
12	2007-09-06	2007-09-25	12.50	12.50
13	2007-10-13	2007-10-25	13.00	13.00
14	2007-11-10	2007-11-26	13.50	13.50
15	2007-12-08	2007-12-25	14.50	14.50
16	2008-01-16	2008-01-25	15.00	15.00
17	2008-03-18	2008-03-25	15.50	15.50
18	2008-04-16	2008-04-25	16.00	16.00
19	2008-05-12	2008-05-20	16.50	16.50
20	2008-06-07	2008-06-25	17.50	17.50
21	2008-09-15	2008-09-25	17.50	16.50
22	2008-10-08	2008-10-15	17.00	16.00
23	2008-11-26	2008-12-05	16.00	14.00
24	2008-12-22	2008-12-25	15.50	13.50
25	2010-01-12	2010-01-18	16.00	14.00
26	2010-02-12	2010-02-25	16.50	14.50
27	2010-05-02	2010-05-10	17.00	15.00
28	2010-11-09	2010-11-16	17.50	15.50
29	2010-11-19	2010-11-29	18.00	16.00
30	2010-12-10	2010-12-20	18.50	16.50
31	2011-01-14	2011-01-20	19.00	16.50
32	2011-02-18	2011-02-24	19.50	17.00
33	2011-03-18	2011-03-25	20.00	18.00
34	2011-04-17	2011-04-21	20.50	18.50
35	2011-05-12	2011-05-18	21.00	19.00
36	2011-06-14	2011-06-20	21.50	19.50
37	2011-11-30	2011-12-05	21.00	19.00
38	2012-02-18	2012-02-24	20.50	18.50
39	2012-05-12	2012-05-18	20.00	18.00
40	2015-02-04	2015-02-05	19.50	17.50

续表

序号	公布日期	执行日期	大型存款类金融机构人民币存款准备金率	中小型存款类金融机构人民币存款准备金率
41	2015-04-19	2015-04-20	18.50	16.50
42	2015-08-26	2015-09-06	18.00	16.00
43	2015-10-23	2015-10-24	17.50	15.50
44	2016-02-29	2016-03-01	17.00	15.00
45	2018-04-17	2018-04-25	16.00	14.00
46	2018-06-24	2018-07-05	15.50	13.50
47	2018-10-07	2018-10-15	14.50	12.50
48	2019-01-04	2019-01-15	14.00	12.00
49	2019-01-04	2019-01-25	13.50	11.50
50	2019-09-06	2019-09-16	13.00	11.00
51	2020-01-01	2020-01-06	12.50	10.50
52	2021-07-09	2021-07-15	12.00	10.00
53	2021-12-06	2021-12-15	11.50	9.50

由表 4-1 可见，2008 年 9 月美国次贷危机全面爆发以后，国际金融危机急剧恶化，为保证银行体系充分的流动性，我国央行尝试对大型和中小型金融机构实施差别准备金率制度。为将宏观审慎理念和流动性管理有机结合，中国人民银行于 2011 年对金融机构引入差别准备金动态调整机制，“引导金融机构信贷合理、适度、平稳投放，优化信贷结构”①。2013 年以来，为增加“三农”和小微企业等薄弱环节的金融资源，促进我国经济结构转型升级，确保经济又好又快发展，整个货币政策从“大水漫灌”向“精准滴灌”的趋势演变，存款准备金率也从过去的“全面降准”向“定向降准”转变。例如，2014 年 4 月，中国人民银行下调县域农村商业银行 2 个百分点，下调县域农村合作银行人民币存款准备金率 0.5 个百分点；同年 6 月，又对符合审慎经营要求且“三农”和小微企业贷款达到一定比例的商业银行（不含此前已下调的机构）下调准备金率 0.5 个百分点。2015 年 9 月，为积极发挥这一货币工具的作用，中国人民银行改革存款准备金考核制度，由时点法改为平

① 资料来源：《2011 年一季度中国货币政策报告》。

均法考核，为金融机构管理流动性提供了缓冲机制，平滑了货币市场波动，优化了货币政策传导机制。2019 年 5 月，中国人民银行将服务县域的农村商业银行与农村信用社的存款准备金率并档，简化准备金率档次，形成存款准备金制度“三档两优”新框架。

可见，在过去的二十年间，存款准备金率已然成为央行非常倚重的货币政策工具。因此，在后续分析我国货币政策对商业银行风险承担影响时必须考虑这一工具的使用。同时，由于其连续性强、对经济影响大、数据易获取，学术界也多采用该指标作为数量型货币政策的代理变量。

4.1.1.2 公开市场业务

公开市场业务也称公开市场操作，是指中央银行在金融市场上公开买卖有价证券，从而达到调节市场货币量的政策行为。当中央银行在金融市场上进行买进有价证券（主要是政府债券）的公开市场购买行为时，可以扩大准备金和基础货币规模，进而增加货币供给并降低短期利率；反之，则会降低货币供给并提高短期利率。公开市场操作因其具有主动性强、灵活性强、调控效果和缓、影响范围广泛等优点，已成为目前大多数国家吞吐货币、调节市场流动性的主要货币政策工具。

我国公开市场业务包括人民币业务和外汇业务两部分，其中，人民币公开市场业务的开展始于 1996 年①，中国人民银行首次尝试以国债回购方式启动公开市场业务，但效果并不理想。1997 年，由于商业银行招标的频率和数量不足而暂停。然而，亚洲金融危机使得中国人民银行通过外汇占款途径注入流动性的方式受阻，为拉动内需，缓解通货紧缩压力，中国人民银行于 1998 年恢复了公开市场业务，通过发行国债和政策性银行债向经济注入流动性。从交易品种看，中国人民银行公开市场业务债券交易主要包括回购交易、现券交易和发行中央银行票据。随着我国加入 WTO（世界贸易组织），经常项目贸易顺差不断增大，在利率和汇率改革不到位的情况下，为收回购买外汇储备而增加的流动性，中国人民银行于 2002 年将未到

① 虽然我国在 1993 年开始发行中央银行融资券（被视为中央银行票据的前身），但由于规模小，期限长，发行频率低，发行的目的主要是融资，并没有被视为公开市场业务的操作对象，故学术界认为公开市场业务的启动是在 1996 年。

期的 19 只正回购国债品种转换为相同期限的中央银行票据[①]，并明确表示发行中央银行票据的主要目的是收回由于购买外汇储备而增加的流动性[②]。2004 年，中国人民银行再次创新公开市场业务，扩大了公开市场业务一级交易商的机构范围[③]，完善了公开信息披露制度，增加操作频率和央行票据的种类[④]及流通时间，并针对信贷投放过多的商业银行首次发行了定向票据。从此，发行央行票据这一业务成为我国央行面临资本大规模流入且中央银行债券资产不足的条件下收回银行系统流动性的主要方式和手段。值得注意的是，央行票据的利率往往高于以外汇形式持有的美元收益率和货币市场利率，这便使央行为抵消在外币公开市场操作购入大量外汇（主要是美元资产）所获得的收益小于为抵消流动性增加而发行央行票据所支付的成本，形成一定的偿付压力。随着央行票据利息偿付压力不断增加，加之金融危机后外汇占款的减少，中国人民银行放慢了央行票据的发行。图 4-1 显示了 2004—2016 年央行票据未到期数量的变化趋势。不难看出，央行票据未到期数量在 2008 年到达顶峰，随后一路下降，直到 2016 年 11 月全部清零。此后，央行票据这一货币政策工具被赋予了新的意义。首先是 2018 年 9 月，中国人民银行与香港特别行政区金融管理局签署关于使用债务工具中央结算系统发行中国人民银行票据的合作备忘录，以便利央行票据在香港发行，此举一方面可以丰富香港高信用等级人民币金融产品，另一方面可以调节离岸人民币的流动性，维持人民币汇率在均衡水平上的稳定，推动人民币国际化进程。其次是 2019 年 2 月，人民银行首次开展央行票据互换操作，其背后的意义旨在提升银行永续债的市场流动性，支持银行发行永续债补充资本，增强金融支持实体经济的能力。

此外，在后金融危机时代，国际经济金融形势的不明朗导致非预期影响因素相互叠加，使得我国银行体系短期流动性供求的波动性加强，市场短期资金供求缺口增大，仅仅依靠货币市场自主融资难以满足资金需求。为适应新的货币政策环境、推动经济结构转型升级，中国人民银行对货币政策工具进行了创新和丰富。2013

---

① 中央银行票据简称央行票据，是指中国人民银行面向全国银行间债券市场成员发行的、期限一般在一年以内的短期债券。《2003 年第二季度中国货币政策执行报告》的专栏 2 中对其进行了详细介绍。

② 资料来源：《2003 年第二季度中国货币政策执行报告》。

③ 除商业银行外，增加了证券公司、保险公司和农村信用合作社等金融机构。

④ 在原有的 3 个月、6 个月、1 年期种类的基础上增加了 3 年期央行票据。

年初，我国启用公开市场短期流动性调节工具（Short-term Liquidity Operations，SLO）以作为公开市场常规操作的必要补充，主要是期限为3天和6天的短期回购，在银行体系流动性出现临时性波动时择机使用。表4-2显示中国人民银行从2013年10月至2016年间SLO的投放（回笼）的数量与利率。可见，自2016年后，SLO的操作频率明显下降，仅在2016年1月投放两次后便戛然而止。

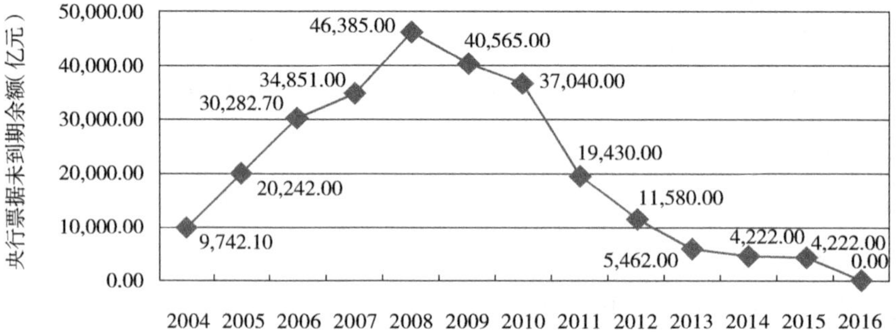

图4-1　2004年以来我国央行票据未到期数量趋势图[①]

表4-2　短期流动性调节工具（SLO）操作情况一览表[②]

时间	SLO投放数量（亿元）	SLO投放利率（%）	SLO回笼数量（亿元）	SLO回笼利率（%）
2013-10-28	410.00	4.50	—	—
2013-10-30	180.00	4.50	—	—
2013-11-18	700.00	4.70	—	—
2013-12-18	1 000.00	4.20	—	—
2013-12-19	600.00	4.70	—	—
2013-12-20	1 500.00	4.70	—	—
2013-12-23	1 800.00	5.00	—	—
2013-12-24	1 330.00	4.30	—	—
2013-12-30	—	—	1 500.00	3.00
2013-12-31	—	—	1 000.00	3.00
2014-02-27	—	—	1 000.00	3.40

① 数据来源：根据中国人民银行网站公布的历次《中央银行票据发行公告》整理而得。

② 数据来源：根据中国人民银行网站公布的历次《短期流动性调节工具（SLO）交易公告》整理而得。

续表

时间	SLO 投放数量（亿元）	SLO 投放利率（%）	SLO 回笼数量（亿元）	SLO 回笼利率（%）
2014-11-20	710.00	3.15	—	—
2014-11-21	650.00	2.84	—	—
2014-11-28	300.00	3.28	—	—
2014-12-16	600.00	3.66	—	—
2014-12-17	2 550.00	3.50	—	—
2014-12-18	900.00	3.81	—	—
2014-12-19	200.00	4.10	—	—
2014-12-22	1 100.00	3.86	—	—
2014-12-23	1 000.00	4.14	—	—
2014-12-24	1 200.00	4.16	—	—
2014-12-31	1 000.00	4.16	—	—
2015-01-19	200.00	2.63	—	—
2015-01-21	1 600.00	3.66	—	—
2015-08-26	1 400.00	2.30	—	—
2015-08-28	600.00	2.35	—	—
2015-08-31	1 400.00	2.35	—	—
2016-01-18	550.00	2.10	—	—
2016-01-20	1 500.00	2.25	—	—

4.1.1.3 再贴现和再贷款

各国中央银行向金融机构发放贷款、提供流动性有两种形式：一是以商业票据为载体的再贴现形式；二是以有价证券为抵押品的再贷款形式。从世界范围看，中央银行制度早期实施的再贴现和再贷款是中央银行向金融系统注入流动性的主要渠道，是传统的三大货币政策工具之一。不过由于中央银行在再贴现业务中的被动性，致使再贴现业务在注入流动性方面的作用并不大。再贴现利率的升降更多的是作为宣示中央银行货币政策态度或立场的信号指标。从各国实践操作看，中央银行将借贷便利类的短期再贷款工具与传统的票据再贴现业务作为央行贴现窗口的两大业务。例如，美国的贴现窗口下设的一级信贷（Primary Credit）、英国的操作性常备便利（Operational Standing Facility）、欧盟国家的边际贷款便利（Marginal Lending Facility）、加拿大的常备流动性便利（Standing Liquidity Facility）、新加坡的常备贷款便利（Standing Lending Facility）、日本的补充贷款便利（Complementary Lending Facility）、韩国的流动性调整贷款（Liquidity Adjustment Loans）、印度的边际常备便利（Marginal Standing Facility）等[①]。以美国的一级信贷[②]为例，由于财务健全的银行可以通过一级信贷便利借入短期借款（通常为隔夜），因此也被称为常备贷款便利，其利率就是再贴现率。

与西方大相径庭的是，由于我国社会商业信用水平和票据市场不发达以及再贴现利率的生成机制存在的一系列问题，诸如再贴现利率与票据市场贴现利率脱节等，我国的再贴现业务并未得到重视，更多的是被再贷款业务所替代。我国中央银行从 1984 年开始就开展了再贷款业务，这是我国历史最为悠久也曾最为重要的货币政策工具。如前文所述，随着 2001 年我国加入 WTO 后，外汇占款成为央行投放基础货币的主要渠道，由于央行难以通过缩减再贷款来冲销外汇占款释放的流动性，故而以发行央行票据的公开市场业务逐步取代再贷款业务。此后，再贷款业务在货币政策操作中日趋式微。在中国经济进入新常态背景下，再贷款业务被再次“唤醒”并得到了创新和丰富。2013 年末，中国人民银行借鉴国际经验，在启用 SLO 的同时，创设了常备借贷便利（Standing Lending Facility，SLF），并于 2015 年在全国范围内推广。常备借贷便利以质押方式发放，质押品主要为债券类资产，业务对象主要为政策性银行和全国性商业银行，期限最长不超过 3 个月。截至 2021 年年底，SLF 的余额为 126.8 亿元，隔夜、7 天和 1 个月的利率分别为 3.05%、3.20% 和 3.55%。[③]

2014 年初，为调整信贷结构，中国人民银行调整了再贷款分类，设立了支农再贷款和支小再贷款两种信贷政策支持再贷款，并创设了新型补充贷款工具，即抵押补充贷款（Pledged Supplementary Lending，PSL）。其中，抵押品一般为合格信

① 资料来源：中国人民银行网站 http://www.pbc.gov.cn。

② 美联储向银行发放的贴现贷款除了一级信贷还有二级信贷和季节性信贷两种，其中二级信贷发放的对象是那些陷入财务困境或面临严重流动性问题的银行，其贴现利率一般会比一级信贷的利率高出 50~100 个基点；季节性信贷是为了满足位于度假区或农业区、存款有季节性特征的少数银行的需要，其利率与联邦基金利率和定期存款利率的平均值挂钩。（米什金，2009）

③ 数据来源：《2021 年第四季度中国货币政策执行报告》。

贷资产。创设抵押补充贷款的目的有二：一是支持棚改等国民经济重点领域和薄弱环节；二是通过 PSL 的利率引导市场的中长期利率水平。受工具的阶段性和定向性的影响，抵押补充贷款供给推出的当年年末，其余额为 2.05 万亿元，到 2019 年 3 月，PSL 余额达到 3.54 万亿元的顶点后便一路下降。[①]

考虑到外汇占款渠道投放基础货币出现阶段性放缓，中国人民银行于 2014 年 9 月创设中期借贷便利（Medium-term Lending Facility，MLF），对符合监管要求的金融机构提供中期基础货币，降低贷款利率、促进社会融资成本的降低。MLF 与 SLF 一样，也以质押方式发放，质押品主要为债券类资产。目前，中期借贷便利已成为央行投放基础货币最主要的手段之一，投放余额从 2014 年创设之初的 0.5 万亿元上升到 2021 年底的 4.55 万亿元[②]。

综上所述，根据前述分析所设定的研究区间，若要分析 2003—2016 年货币政策对商业银行风险承担的影响，作为判断货币政策松紧立场的政策工具，在操作上须具有连续性和变化性。从数量型货币政策工具选择的演进与实施现状看，由于央行票据发行的意义已从过去的调节货币供给转向稳定离岸人民币汇率以及提升银行永续债的市场流动性，抵押补充贷款（PSL）的定向性和阶段性又太过明显，对金融体系的流动性影响较小，公开市场短期流动性调节工具（SLO）以及借贷便利类工具（SLF 和 MLF）的启用时间又太短，因此相较于法定存款准备金率，公开市场操作和再贷款（再贴现）都不适宜作为货币政策的代理变量。故而在实证研究中，将采用法定存款准备金率作为数量型货币政策的代理变量，以检验货币政策对商业银行风险承担的影响更为科学合理。

4.1.2 价格型货币政策工具的选择

价格型货币政策是指中央银行侧重于通过影响资产价格变化来改变企业和居民等微观经济主体的资产结构和财富价值，进而影响微观经济主体的投资和消费行为，最终影响宏观经济。价格型货币政策工具主要包括利率政策和汇率政策两种。

---

① 数据来源：Wind 数据库和中国人民银行网站。

② 数据来源：Wind 数据库和《2021 年第四季度中国货币政策执行报告》。

4.1.2.1 利率政策

利率政策是中央银行根据宏观经济的运行状况，通过改变金融市场的均衡利率水平和利率期限结构，调节市场上的资金供求状况，引导资金流向，进而实现宏观经济政策目标。按借贷性质划分，我国的利率体系可分为央行利率、金融市场利率与存贷款利率三类。央行利率指央行与金融机构之间借贷的利率，如准备金存款利率、再贷款和再贴现利率、公开市场操作利率以及 SLF、MLF 等新型货币政策工具的利率。金融市场利率主要指金融机构之间借贷的利率，如同业拆借利率、金融债券收益率等。存贷款利率指金融机构对客户的零售利率，包括银行挂牌列示的各期限存贷款利率以及银行与客户签订的协议存贷款利率。上述利率体系中，除金融市场利率完全放开外，中央银行会通过设定利率（如法定与超额存款准备金利率、再贷款和再贴现利率、存贷款基准利率）或以市场方式（如公开市场操作）确定利率，来影响基础货币量或市场利率，达到货币政策调控目标。可以肯定的是，利率政策为央行调控货币供给量并掌控信贷资金的松紧起到关键作用。由于西方先进国家金融市场已经完全实现利率市场化，中央银行在货币政策操作实践中将利率作为货币政策的中介目标而不是直接作为货币政策工具，通过调整货币政策工具引导市场利率变动，从而实现货币政策的调控目标。相比发达国家，我国利率市场化改革的步伐启动较晚、进展较慢，在金融抑制背景下，基准利率被直接作为中央银行调控经济的工具和手段①。基准利率是指再贷款和再贴现利率、法定存款准备金利率、超额存款准备金利率以及金融机构的存贷款基准利率。在上述基准利率中，变动较为频繁的是金融机构的存贷款基准利率，而再贷款和再贴现利率、法定和超额存款准备金率却较少调整。表 4-3 表示了自 2003 年以来我国法定和超额存款准备金利率、再贴现利率的调整情况。可见，2003—2021 年这十余年间，法定存款准备金利率仅调整了 2 次，超额存款准备金利率仅调整了 3 次，再贴现利率调整了 7 次。

---

① 《中华人民共和国中国人民银行法》第二十三条明确规定将中央银行基准利率作为货币政策的主要工具。

表 4-3 我国法定和超额存款准备金利率、再贴现利率变动一览表（单位：%）①

调整时间	法定存款准备金利率	超额存款准备金利率	再贴现利率
2003-12-20	1.89	1.62	2.97
2004-03-25	—	—	3.24
2005-03-17	—	0.99	—
2008-01-01	—	—	4.32
2008-11-27	1.62	0.72	2.97
2008-12-23	—	—	1.80
2010-12-26	—	—	2.25
2020-07-01	—	—	2.00

与此同时，长期以来中央银行肩负着调整存贷款基准利率及其浮动区间的责任，并将存贷款基准利率的变动作为运用频繁、影响较大的“直接型”货币政策的工具。仅 2008 年以来，我国为应对金融危机的冲击，频繁调整存贷款基准利率共计 18 次，并在每季度的货币政策执行报告中明确说明了利率工具的运用及其政策目的，详见表 4-4。

表 4-4 我国一年期存贷款基准利率调整一览表（单位：%）②

调整时间	存款利率（1 年）	贷款利率（1 年）
2008-09-16	4.14③	7.20
2008-10-09	3.87	6.93
2008-10-30	3.60	6.66
2008-11-27	2.52	5.58
2008-12-23	2.25	5.31
2010-10-20	2.50	5.56
2010-12-26	2.75	5.81
2011-02-09	3.00	6.06
2011-04-06	3.25	6.31
2011-07-07	3.50	6.56

① 数据来源：中国人民银行网站。表中“—”表示利率未调整。

② 资料来源：Wind 数据库。

③ 该利率在本次未做调整，上一次调整时间为 2007 年 12 月 21 日。

续表

调整时间	存款利率（1年）	贷款利率（1年）
2012-06-08	3.25	6.31
2012-07-06	3.00	6.00
2014-11-22	2.75	5.60
2015-03-01	2.50	5.35
2015-05-11	2.25	5.10
2015-06-28	2.00	4.85
2015-08-26	1.75	4.60
2015-10-24	1.50	4.35

此外，自2013年起，中国人民银行尝试通过调整诸如SLO、SLF等创新型货币政策工具的政策利率来影响存贷款利率和债券收益率，提高利率传导机制的效率，推动货币政策操作从数量型向价格型转变。表4-5是2013年以来人民银行调整新型货币政策工具利率的情况概览。

表4-5　2013年以来创设的新型货币政策工具利率调整一览表（单位：%）①

时间	SLF利率（隔夜）	SLF利率（7天）	SLF利率（1个月）	MLF利率（3个月）	MLF利率（6个月）	MLF利率（1年）	PSL利率
2014-01	5.00	7.00	—	—	—	—	—
2014-09	—	—	—	—	—	—	4.50
2014-10	—	—	—	3.50	—	—	—
2015-03	4.50	5.50	—	—	—	—	—
2015-05	—	—	—	—	—	—	3.10
2015-06	—	—	—	—	3.35	—	3.10
2015-07	—	—	—	—	—	—	2.85
2015-11	2.75	3.25	—	—	—	—	2.75
2016-02	—	—	3.60	2.75	2.85	3.00	—

① 数据来源：Wind数据库和中国人民银行网站。考虑到SLO的投放和回笼利率已在表4-2中列出，故不再此表中列示。表中“—”表示未变动或未公布或已停止。如2015年12月起，中国人民银行只公布PSL的数额，不再公布利率；2017年4月至2020年12月期间，中国人民银行也只公布了SLF的数额。2015年6月起，中国人民银行不再发行3个月期限的MLF；2017年6月至2021年底，中国人民银行只发行1年期限的MLF。

续表

时间	SLF 利率（隔夜）	SLF 利率（7 天）	SLF 利率（1 个月）	MLF 利率（3 个月）	MLF 利率（6 个月）	MLF 利率（1 年）	PSL 利率
2016-03	—	—	—	2.50	2.60	2.75	—
2016-04	—	—	—	2.75	2.85	—	—
2016-06	—	—	—	2.75	2.85	3.00	—
2017-01	—	—	—	—	2.95	3.10	—
2017-02	3.1	3.35	3.7	—	—	—	—
2017-03	3.3	3.45	3.8	—	—	—	—
2017-04	—	—	—	—	3.05	3.20	—
2017-12	—	—	—	—	—	3.25	—
2018-04	—	—	—	—	—	3.30	—
2019-11	—	—	—	—	—	3.25	—
2020-02	—	—	—	—	—	3.15	—
2020-04	—	—	—	—	—	2.95	—
2021-01	3.05	3.2	3.55	—	—	—	—

4.1.2.2　汇率政策

1994 年，我国进行外汇体制改革并确立了强制结售汇制度，这一改革在促进我国出口增长和国际收支双顺差的同时，也形成了外汇占款的激增和以外汇占款为主的货币投放渠道。由于我国经济的持续增长，人民币升值趋势在所难免。2005 年 7 月，中国人民银行宣布实行以市场供求为基础，参考一篮子货币进行调节、有管理的浮动汇率制度，并继续推出一系列汇率形成机制改革配套措施完善汇率制度，以“增强人民币汇率弹性，保持人民币汇率在合理均衡水平上的基本稳定”①。

然而自 2014 年，在对美元加息的预期以及我国货物贸易存在较大顺差的因素下，市场主体对人民币汇率的趋势认识不同，人民币汇率中间价偏离市场汇率幅度较大，持续时间较长，中间价的市场基础地位和权威性受到极大的影响。为此，中国人民银行宣布完善人民币兑美元汇率中间价形成机制，做市商在每日银行间外汇市场开盘前，参考上日银行间外汇市场收盘汇率，综合考虑外汇供求情况以及国际

① 转引自《中国货币政策执行报告》。自 2007 年起，几乎每季度的货币政策执行报告都会提及这一目标。

主要货币汇率变化后，向中国外汇交易中心提供中间价报价，从而在机制上加大了市场供求对汇率形成的决定性作用，使得汇率逐步向合理均衡水平回归。2015 年 8 月，中国人民银行又进一步完善人民币汇率市场化形成机制，现已初步形成了“收盘汇率 + 一篮子货币汇率变化”的人民币兑美元汇率中间价形成机制。中间价报价由前日的收盘汇率和人民币对美元双边汇率调整幅度两部分组成，既能反映市场供求状况，又能保持人民币兑一篮子货币汇率稳定。

综上可见，虽然我国汇率机制改革取得了很大的成就，但汇率政策的市场化程度还不够，汇率弹性尚不足，调控范围也较小。相较而言，利率市场化改革的步伐更大。自 2013 年起央行创设诸如 SLO、SLF 等新型货币政策工具，到 2015 年存贷款利率的完全放开，利率政策的运用非常频繁，利率政策的改革也不断深化，因此利率政策能更好地作为价格型货币政策工具。考虑到再贷款和再贴现率的变动频率不高，新型货币政策工具的启用时间又不长，在设定的研究区间（2003—2016 年）内，存贷款基准利率的变动能较好地反映货币政策的松紧立场，因此笔者在后续章节的研究中将采用存贷款基准利率作为价格型货币政策的代理变量检验我国货币政策对商业银行风险承担的影响。

4.1.3 其他货币政策工具的选择

此外，中央银行还运用诸如窗口指导和道义劝告等其他货币政策工具来实现既定的经济政策目标。窗口指导是指中央银行根据宏观经济形势和金融市场动向，规定金融机构的贷款投向和贷款数量等，解释政策意图，以此来间接引导金融机构信贷行为与中央银行货币政策导向保持一致，达到宏观经济政策目标。道义劝告则是指中央银行运用自己在金融体系中的特殊地位和威望，通过对银行及其他金融机构的劝告（常以书面通告、指示、口头通知，甚至与金融机构的负责人面谈等形式向商业银行通报经济形势），影响其贷款数量和贷款投向，促使金融机构自动采取相应措施来贯彻中央银行的政策，以达到控制信用、调控经济的目的。道义劝告不仅能调整信贷资金的数量，还能优化信贷资产的构成即信贷质量，且方式灵活、成本低廉。道义劝告和窗口指导建议是温和的、非强制性的货币政策工具，是一种劝谕式监管手段，两种工具均不具备法律约束力，其调控效果要受到中央银行在金融机构中的地位以及金融机构的配合程度的影响。不过，因这类方式具有操作灵活、意图明确、传导迅速、针对性强、成本低廉等优点，各地方中央银行可以根据当地经济发展特征自主选择使用。因此，窗口指导和道义劝告往往作为传统三大货币政策工具的有益补充。

自 1987 年起，我国中央银行与商业银行建立了行长、部主任联席会与碰头会制度，采取的就是类似窗口指导或道义劝告的方式。虽然中央银行的指导性政策建议不具有法律约束力，但受历史和传统的原因，我国中央银行在金融体系中处于超然的地位，市场中仍不乏行政指令。加之我国的金融市场发展程度还不高，信贷传导机制还不通畅，货币政策时滞效应明显①，中央银行根据对经济形式的预判，形成货币政策的立场，并将政策意图传达给商业银行，后者通常都能接受这些建议或劝告。因此在经济局部过热、出现泡沫苗头之际，这种制度往往成为中央银行与商业银行及时互通情况、贯彻货币政策的有效途径。通过加强和改进对商业银行的“窗口指导”和信贷政策引导，中央银行能及时引导商业银行前瞻性地关注和应对经济周期和产业变化，增强优化调整信贷结构的自觉性。例如，2016 年 10 月 12 日，针对个人信贷数量的急剧上升以及房地产价格的过快上涨，中国人民银行召集 5 家国有大型银行及 12 家股份制银行高管开会，要求各银行理性对待楼市，强化房贷管理，控制相关风险。

综上所述，我国货币政策工具主要是借鉴西方先进国家的货币政策操作实践，并结合中国自身金融环境和金融基础设施建设的现状，对其具体操作方法和环节稍加调整后确定的。例如，我国在短期国债发行不足的情况下，推出央行票据作为公开市场操作工具的实施载体，从而达到在公开市场操作中吞吐基础货币的作用；在总结国际金融危机教训时，引入了兼顾宏观审慎和流动性管理目标的差别准备金动态调整机制；在外汇占款出现下降、供给基础货币的渠道变窄后，借鉴国外经验积极创设有合格抵押品的再贷款工具。我国目前的货币政策工具已基本从“直接型”过渡到“间接型”，从更多地依靠政府管控这只看得见的手，通过强制干预和指导金融机构的行为逐步向依靠市场这只看不见的手，通过利益诱导和调节金融机构的行为过渡。可以预见，随着利率市场化以及金融体制的改革不断深化，我国货币政

① 据研究，美国和欧盟等市场经济较为完善发达的国家和地区的货币政策时滞大约为一年的时间，而我国从货币政策出台到影响宏观经济最终目标大概需要 6 到 24 个月。

策工具应当从数量型工具为主逐步转型到以价格型工具为主、数量型工具为辅的轨道上。此外，我国货币政策工具还将逐步从全面笼统地调节市场流动性的粗放性工具向定向调节市场流动性的结构性工具转变，从只关注市场流动性目标向同时关注流动性管理与金融稳定的目标转变。

4.2 我国货币政策中介目标选择的实践

货币政策的中介目标是指处于货币政策操作目标和最终目标之间，中央银行在一定的时期内能够量化且易于调整的目标。该目标的设定有利于中央银行在货币政策效果存在时滞性的背景下及时衡量货币政策的效果，防止政策调控反向、不足和过度。从理论上说，货币政策中介目标的选择标准一般包括相关性（货币政策中介目标与最终目标之间要密切相关）、可测性（货币政策中介目标易被货币政策的制定者所观测和掌握）、可控性（货币政策中介目标易为货币政策的制定者所控制并根据需要及时调整）、抗干扰性（货币政策中介目标在实际实施过程中不易受到金融机构和大众对策心理的影响）、可操作性（货币政策中介目标的选择能被中央银行操作）五个方面。从操作实践而言，货币政策中介目标的选择必须满足相关性、可测性和可控性三个条件。中介目标随着一国金融市场的发展以及货币政策最终目标关注点的转移而变化。从西方发达国家货币政策中介目标选择的演变看，中介目标的选择先后经历了利率到货币供给量再到通货膨胀率的变化。在上述三个中介目标中，由于我国长期以来存在一定程度的金融抑制，中国人民银行直接调控的存款贷款基准利率尚不能完全真实地反映市场供求状况和资金价格，通货膨胀率又不容易受货币当局的控制，因此我国货币政策中介目标的选择有其自身的缘由和特点。

4.2.1 从现金规模到信贷规模的转变

中华人民共和国成立后，由于我国实行的是计划经济体制，货币政策主要是为财政政策服务，调控也多使用直接的行政干预手段。在当时“钱随物走”的背景下，现金规模指标能满足相关性、可控性、可测性、可操作性的特点，自然而然成为货币政策中介目标的不二选择，并且在当时的经济环境下为刺激我国经济增长发挥着积极、有效的作用。改革开放之后，我国经济体制发生了翻天覆地的变化，中国人民银行开始独立行使中央银行功能，但由于中央银行和专业银行分设之初监管体制并不完善，导致专业银行为追逐利润大肆放贷。1984 年货币投放比上一年激增 49.4%，至 262 亿元。为此，我国于 1985 年明确表示将严控贷款规模，由中国人民银行制订贷款计划再通过各专业银行总行自上而下逐级授权，从而直接调控信贷规模。由于当时企业获得资金的渠道单一，基本上依赖于银行信贷的间接金融模式，因此信贷规模与社会融资总量、经济产出之间具有很大的相关性。在当时的历史背景下，选择信贷规模作为中介目标是适应中央银行货币政策目标的。从此，我国的货币政策中介目标由直接管控现金规模向直接控制信贷规模转变，中国人民银行通过控制信贷规模来影响整个社会的融资总量和投资规模，进而影响经济总产出。

4.2.2 从信贷规模向货币供应量的转变

1992 年召开的党的十四大确定了建立社会主义市场经济体制的改革目标，此后我国的金融体系进行了大刀阔斧的改革，企业融资渠道越趋多样化，银行信贷规模在整个社会融资总量中的比重日趋下降，信贷规模与社会融资规模之间的相关性减弱，继续将信贷规模作为唯一的中介目标越发显得不合时宜。与此同时，三大政策性银行相继建立，基础货币不再受政策性贷款影响；外汇占款随国际贸易顺差的增加不断增大，使得基础货币投放时间延长，这些为中国人民银行有效调控基础货币提供了保证。国务院明确规定："货币政策的中介目标和操作目标是货币供应量、信用总量、同业拆借利率和银行备付金率。"[①]1994 年，中国人民银行将信贷规模和货币供应量确定为协同目标，并首次根据流动性的高低公布了 M0、M1、M2[②] 三个货币供应量层次的划分标准和数据，这标志着信贷规模和货币供给量均作为过渡时期货币政策的中介目标受到央行的关注和管控。从 1998 年开始，中国人民银行取消了对国有商业银行的信贷规模限制，信贷指标由指令性计划转为指导性计划，此

① 详见 1993 年国务院颁发的《关于金融体制改革的决定》。

② M0、M1 和 M2 分别表示现钞、狭义货币和货币供应量。

举标志着货币供应量正式作为货币政策唯一的中介目标。此后，中国人民银行采取调控存贷款基准利率、存款准备金率、再贷款和再贴现率、公开市场操作等政策工具，间接调控基础货币供应量和货币乘数，最终达到调节国民经济运行的目的。值得注意的是，由于贷款仍是我国金融市场中最主要的融资方式，因此中国人民银行历年的《货币政策执行报告》中仍有大量篇幅介绍新增贷款及相关指标的情况。曾任中国人民银行调查统计司司长盛松成表示，甚至在某些年份，新增人民币贷款比 M2 受到更多关注①。这说明至少在 2011 年以前，新增人民币贷款与货币供应量都是中央银行监测的指标。

4.2.3 从货币供应量到新中介目标体系的转变

随着金融创新不断深化，电子货币、互联网金融、银行表外理财业务、多样化支付手段的大量涌现，产生了新的金融产品、新的金融机构和新的金融业态。虽然中国人民银行已多次调整货币供应量的口径②，但调整的步伐稍显落后，传统标准根据流动性强弱，即执行流通手段和支付手段的方便程度，来划分货币层次的界限已变得愈来愈模糊。例如，按照传统标准，活期存款归属于 M1，但随着影子银行业务的出现，部分活期存款流向信托存款，而信托存款却应纳入 M2 的统计范畴，从而使基于银行系统统计的货币供应量的可测性大大减弱。此外，随着金融脱媒现象的加剧和商业银行信贷规模占比的逐年下降，社会融资结构发生了巨大的变化，导致中央银行通过影响商业银行可贷资金来调节基础货币供应量的力度降低。同时，影响货币乘数的法定存款准备率、超额准备金率以及现金漏出比率等因素也在发生变化。微信、支付宝等手机支付应用（APP）的出现使得现金漏出比率更加难以测度，金融创新工具的涌现使银行融资渠道拓宽，法定存款准备金率和超额存款准备金率指标并不能反映银行体系可贷资金的真实情况，从而使得货币乘数变得极为不稳定。图 4-2 反映了我国 2007—2015 年间央行制定的货币供应量 M2 的增长目标与实际执行效果。从图中可见，在 2007—2015 年这九年间，除 2007 年、2012 年、2013 年和 2014 年 M2 的实际增长率与目标增长率之间的差距维持在 1 个百分点以

---

① 资料来源:《2011 年第一季度中国货币政策执行报告》专栏 1。

② 例如，2001 年证券公司客户保证金被纳入 M2 的统计口径，2011 年将非存款类金融机构在存款类金融机构的存款和住房公积金存款纳入 M2 的统计口径。

内，其余年份二者的差距都较大。尤其是在金融危机爆发后的2009年，M2增长目标为17%，但实际增长率竟高达27.7%，二者竟相差了近11个百分点。

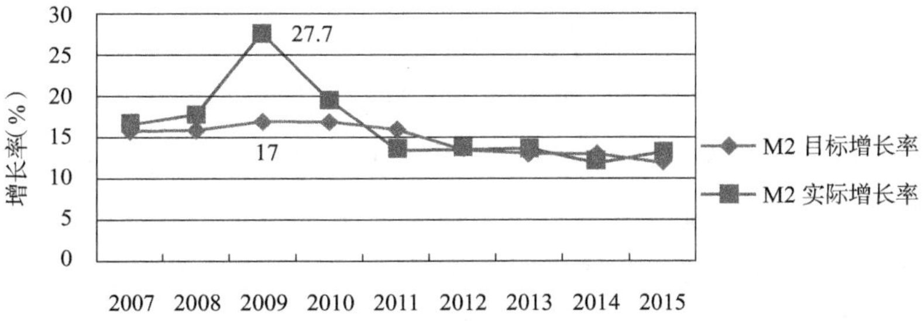

图4-2 2007—2015年M2目标增长率与实际增长率①

不可否认的是，随着市场深化以及金融创新的推进，影响货币供给的因素日趋复杂，M2的可测性、可控性以及与经济增长以及物价稳定等最终目标的相关性也存在争议。从历史上看，M2与国内生产总值（GDP）增速的“不同步”并不少见。一般而言，在经济景气度相对较低时，M2的增速会明显高于GDP的增速。如在2003年、2005年以及2009年至今，M2的增速均大幅超过GDP增速，特别是在2009年，二者相差高达18.5个百分点。此外，2010年下半年以来，在M1持续较快下行的情况下，消费者物价指数（CPI）却仍持续上升，出现了货币与通胀的同步关系发生趋势性的背离，这些都说明了货币供应量与最终目标的相关性也无法保证。综上所述，在金融创新加快发展、债务融资较快扩张、利率市场化不断推进、金融结构日趋多元、经营业务逐渐转向混业经营以及国际资本流动的自由度趋于增大的大背景中，货币供应量的可测性、可控性和相关性正在不断下降。

同时，经济社会通过银行表外业务以及证券、保险、信托等机构融资的比重逐渐上升。2010年新增人民币贷款7.95万亿元，而实体经济通过银行承兑汇票和委托贷款从金融体系新增融资就高达3.47万亿元，于是在当年12月的中央经济工作会议上明确提出了要“保持合理的社会融资规模”。从2011年一季度起，中国人民银行开始公布社会融资规模的定义及统计口径，从此社会融资规模成为宏观监测的重要指标之一，也激起了学者们探究将其作为新的金融环境下货币政策中介目标可行性的热潮。社会融资规模是一定时期内（每月、每季或每年）实体经济（即企业

① 数据来源：根据历年《中国货币政策执行报告》汇总整理。

和个人）从金融体系获得的全部资金总额。从确立之初的统计口径看，社会融资规模包括人民币贷款、外币贷款、委托贷款、信托贷款、未贴现银行承兑汇票、企业债券、非金融企业境内股票融资和其他金融工具融资八项指标[①]。2018 年后，中国人民银行进行数次调整，先后将存款类金融机构资产支持证券、贷款核销、地方政府专项债券、国债和地方政府一般债券纳入社会融资规模统计。截至 2021 年底，该指标的统计口径调整为人民币贷款、外币贷款、委托贷款、信托贷款、未贴现银行承兑汇票、企业债券、政府债券、非金融企业境内股票融资和其他融资（包括存款类金融机构资产支持证券和贷款核销）八项指标[②]，进而使得该指标能更全面地监测和反映全社会融资活动，为货币政策调控提供参考。考虑到口径可比，表 4-6 体现了 2003—2017 年间我国新增社会融资规模以及各项目的占比情况[③]。随着利率市场化改革的成功，加之中国人民银行创设一系列新的货币政策工具的意图旨在构筑一条从短端 SLO、SLF 利率，到中期 MLF 利率，再到长期 PSL 利率的利率走廊。今后我国货币政策的中介目标应该是一个囊括了货币市场利率、货币供应量、广义信贷指标、社会融资规模等一系列兼有价格型和数量型调控指标在内的中介目标体系。

表 4-6 2003—2017 年间我国社会融资规模增量及各项目占比情况

指标名称	新增社会融资规模（亿元）	新增人民币贷款占比（%）	新增外币贷款占比（%）	新增委托贷款占比（%）	新增信托贷款占比（%）	新增未贴现银行承兑汇票占比（%）	企业债券融资占比（%）	非金融企业境内股票融资占比（%）	其他
2003	34 113.00	81.10	6.80	2.00	—	6.20	1.50	1.60	0.80
2004	28 629.00	79.20	5.10	10.90	—	−1.00	1.60	2.40	1.80
2005	30 008.00	78.50	4.70	6.50	—	0.20	6.70	1.10	2.30
2006	42 696.00	73.80	3.40	6.30	1.90	3.50	5.40	3.60	2.10
2007	59 663.00	60.90	6.50	5.70	2.90	11.20	3.80	7.30	1.70
2008	69 802.00	70.30	2.80	6.10	4.50	1.50	7.90	4.80	2.10

① 资料来源：《2011 年第一季度中国货币政策执行报告》。

② 资料来源：《2021 年第四季度中国货币政策执行报告》。

③ 数据来源：Wind 数据库。

续表

指标名称	新增社会融资规模（亿元）	新增人民币贷款占比（%）	新增外币贷款占比（%）	新增委托贷款占比（%）	新增信托贷款占比（%）	新增未贴现银行承兑汇票占比（%）	企业债券融资占比（%）	非金融企业境内股票融资占比（%）	其他
2009	139 104.00	69.00	6.70	4.90	3.10	3.30	8.90	2.40	1.70
2010	140 191.00	56.70	3.50	6.20	2.80	16.70	7.90	4.10	2.10
2011	128 286.00	58.20	4.50	10.10	1.60	8.00	10.60	3.40	3.60
2012	157 631.00	52.10	5.80	8.10	8.10	6.70	14.30	1.60	3.30
2013	173 169.00	51.35	3.38	14.71	10.63	4.48	10.46	1.28	3.71
2014	164 571.00	59.44	2.16	15.23	3.14	−0.78	14.74	2.64	3.43
2015	154 086.00	73.10	−4.20	10.30	0.30	−6.90	19.10	4.90	3.40
2016	178 000.00	69.90	−3.20	12.30	4.80	−11.00	16.80	7.00	3.40
2017	194 430.00	71.20	0.01	3.99	11.60	2.76	2.31	4.49	3.64

5　我国货币政策对商业银行风险承担影响的理论分析

本章主要从理论层面论述我国货币政策对商业银行风险承担的影响。首先，结合我国货币政策的实施现状以及商业银行的业务特征和所处的金融环境，论述我国货币政策如何影响商业银行的风险承担意愿和行为，界定并剖析预期效应、信贷评估效应等五种作用机理，归纳总结五种作用机理之间的联系，厘清货币政策对商业银行风险承担影响路径和各作用机理之间错综复杂的联系。其次，在国内外学者建立的数理模型的基础上，结合我国货币政策实施情况以及金融环境特点，对模型的假设前提作适当修改，推导出我国价格型货币政策和数量型货币政策对商业银行风险承担的影响关系。最后，以宽松货币政策环境为例，分析商业银行内部利益主体之间以及商业银行机构之间由于追求自身利益或效用最大化后的博弈行为与风险承担的最优均衡选择。

5.1　我国货币政策影响商业银行风险承担的作用机理

笔者结合我国货币政策的实践以及商业银行所处的金融环境进行分析，认为我国货币政策对商业银行风险承担的影响是通过预期效应、信贷评估效应、竞争效应、资金成本黏性效应以及保险效应五方面发挥作用的。

5.1.1　预期效应

预期效应是指货币政策的立场（即货币政策）是宽松抑或紧缩，往往会影响商业银行和借款人对未来经济形势的预期，而这一预期又会影响银行当前承担风险的意愿和行为。金融加速器理论指出在经济萧条时期，资产价格下降，借款企业资产负债表恶化、净值下降，而其净值的下降会因为银行对未来的悲观预期产生放大效应，导致信贷规模加速紧缩；反之，当经济繁荣时期，资产价格上涨，借款企业净值上升又会刺激银行对未来的乐观预期从而增加信贷投放规模，最终加剧经济周期的波动。这一理论揭示了银行的信贷行为具有顺周期性特点，即在经济上行阶段，信贷表现出扩张趋势；在经济下行阶段，信贷反而紧缩。周助新等（2010）采用我国 1995—2008 年的数据，通过协整分析得出我国信贷市场上存在明显的信贷顺周期现象，信贷市场的发展趋势和以 GDP 为代表的经济发展趋势基本同步，波动情况也基本一致，且信贷波动领先于经济波动并对经济波动有强化作用。朱宇（2013）研究表明在经济上行周期，在贷款需求的顺周期效应和银行对利润追逐的双重影响下，银行在风险权重较高的信贷资产的投放上会大大增加。

由于我国中央银行的建立完全是由政府主导的，因此中国人民银行的独立性问题一直被学术界诟病。人民银行在制定货币政策时，更多的还是贯彻国家的政策和意图，其货币政策的态度或立场也表明了国家宏观层面对经济调控的方向，并影响公众对未来经济走势的预期。当经济出现下行趋势时，中央银行一般会出台宽松的货币政策以刺激经济；而当经济出现较为严重的通胀，资产价格大幅上升，泡沫凸显时，中央银行又会采取紧缩的货币政策；而在经济平稳运行时期，根据凯恩斯有效需求不足理论，中央银行往往宁愿采取稳健或适当宽松的货币政策来确保国民生产总值和就业率尽量达到充分的水平。那么，一旦央行通过货币政策工具释放出货币政策立场的信号，也就意味着向社会明确了政府宏观调控经济的态度和意向，尤其是长期持续稳定的货币政策更是表明了国家宏观调控经济、引导经济运行方向势在必行的决心。例如，在 2008 年第三季度之前，我国经济一路上行，发展态势良好，为防止通胀，中国人民银行的货币政策明显趋于紧缩。

然而，随着次贷危机的蔓延，我国的出口明显受到重创，企业景气指数和企业家信心指数双双下降。2008 年 9 月 14 日，美国雷曼兄弟公司的破产倒闭拉开了全球金融危机爆发的序幕。为稳定需求和市场信心，减少金融危机给我国经济带来的不利影响，中国人民银行在 2008 年 9 月 16 日立即调转货币政策立场，自 2002 年以来首次下调了金融机构人民币存贷款基准利率和存款准备金率。接着在 2008 年第四季度明确了货币政策立场为适度宽松，并连续四次下调金融机构人民币存贷款基准利率，连续三次下调金融机构存款准备金率，开启了货币政策持续适度宽松的模式。从市场的信心指数看，尽管货币政策宽松，但由于金融危机给我国出口企业和我国经济带来的负面影响已经完全显现，银行家信心指数和企业家信心指数在 2008 年第四季度大幅下降。《2009 年第一季度中国货币政策执行报告》中明确指出要“坚定不移地落实适度宽松的货币政策，保持政策的连续性、稳定性，促进经济平稳较快发展”。换而言之，适度宽松的货币政策将持续稳定地执行下去，大有不见效果不罢休的决心，向市场释放出积极的信号。因而，自 2009 年一季度末起，不论是银行家还是企业家的信心指数都呈现止降起升的态势，详见图 5-1。在乐观预期下，银行等金融机构大幅增加信贷投放力度。由图 5-2 可见，金融机构人民币贷款余额从 2009 年一季度开始大幅上升，达 34.96 万亿元，同比增长 29.78%，增幅比上年末高 11.05 个百分点，比上月末高 5.6 个百分点；人民币贷款增加 4.58 万亿元，同比多增 3.25 万亿元。二季度，金融机构人民币各项贷款余额 37.74 万亿元，同比增长 34.44%，增幅比上年末高 15.71 个百分点，比上月末高 3.83 个百分点；人民币各项贷款增加 7.37 万亿元，同比多增 4.92 万亿元。可见，持续宽松的货币政策环境以及充裕的流动性带来的繁荣景象会使银行的管理者和员工产生对未来经济形势的乐观预期情绪，认为市场已转危为安，并且会一直繁荣下去，从而大幅增加信贷投放力度，从风险定价模型中内生性地降低风险规避水平，下调风险溢价，增加银行的风险承担。

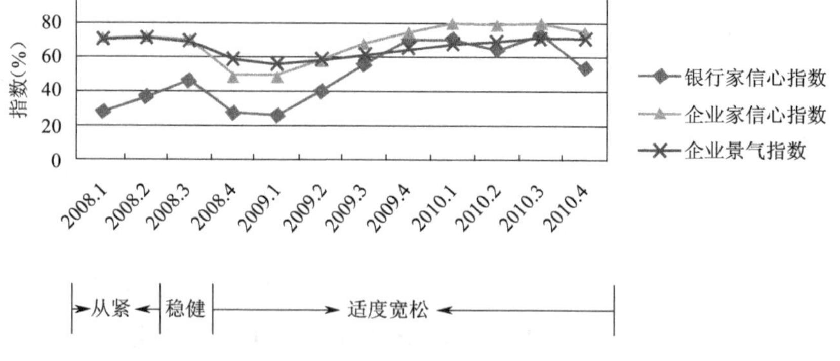

图 5-1 货币政策立场与市场信心指数

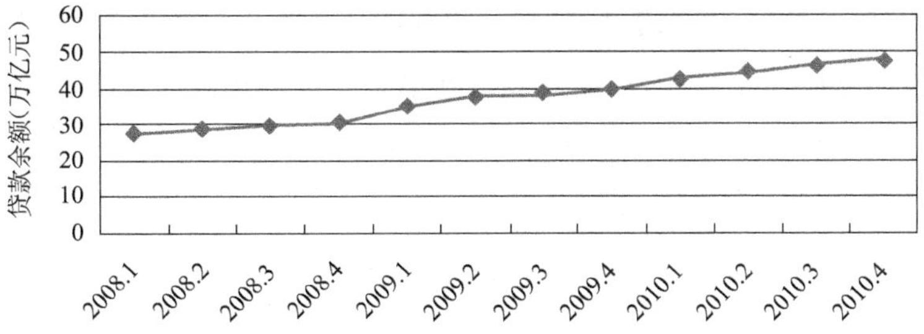

图 5-2 金融机构人民币贷款余额

5.1.2 信贷评估效应

信贷评估效应是指货币政策会影响市场利率的变动，进而通过现行信贷审核和评估机制影响商业银行对借款人资产和抵押品的价值、收入以及未来现金流现值的判断和估值，从而改变银行对信贷资金风险的识别和衡量，最终影响银行的风险承担。一般而言，商业银行在发放贷款之前都会开展对借款人的资信评级。国内外常用的对借款人进行信用评级所遵循的基本原则主要是“6 C”原则、“5 W”原则以及“5P”原则等，其评估内容大体相同。以“6 C”原则为例，商业银行通常从以下六方面对借款人的信誉进行分析评估：品德（Charactor）、能力（Capacity）、资本（Capital）、担保品（Collateral）、经营状况（Condition of Business）和发展前景（Continuity）①。其中，品德指商业银行通过征信机构了解借款人的偿债记录，从而判断借款人的个人品质和诚信；能力指借款人是否具有按期偿还债务的能力，商业银行往往通过审查借款人的财务报告、经营业绩和过去收入现金流等信息来评估；资本指借款人资本金的质量、数量和结构等；担保品指借款人提供的可用以偿还贷款的抵押物；经营状况指借款人所处的外部环境以及企业自身的经营特点、方式和技术状况等；发展前景指借款人在贷款期限内的市场前景和预期现金净流入状况。早在 1996 年中国人民银行制定并颁布的《贷款通则》第二十六条就明确规定商业银行在发放贷款之前必须从借款人的领导者素质、经济实力、资金结构、履约情况、经营效益和发展前景等方面对借款人展开资信评级，这为“6 C”原则提供了制度依据。然而，在信息不对称条件下，银行为了最大限度规避借款人的道德风险

① 戴小平. 商业银行学 [M]. 2 版. 上海: 复旦大学出版社,2012:102.

和逆向选择问题，更倾向于选择“6 C”原则中代表客观因素且较易量化的还款能力、资本资产、担保抵押三因素作为其判断借款人的偿债能力、控制信用风险、决定信贷额度的重要参考指标。而相较于国外银行，我国的信用环境较差，全方位、多角度、广覆盖的社会征信体系尚未建立，商业银行风险识别和管控能力还比较薄弱，导致银行风险管理上过于依赖抵押担保，忽视第一还款来源、现金流和持续经营的能力。

由于货币政策的松紧直接影响资金的价格即利率，则从现金流量贴现公式（式（5-1））可知，若其他条件不变①，利率 i 与现值 PV 反向变动，即利率的下降将会推动借款人资产价格上涨、抵押物价值上升、企业预期未来收益现金流的净现值增加，进而增加企业的净值，反之则反是。

$$PV = \frac{R_1}{1+i} + \frac{R_2}{(1+i)^2} + \frac{R_3}{(1+i)^3} + \ldots + \frac{R_n}{(1+i)^n} \quad (5\text{-}1)②$$

企业的净值决定了其外部融资能力，净值越高，道德风险和逆向选择倾向也越低，企业从银行获得贷款的可能性就越大。③目前，银行业广泛使用在险价值（VaR）等风险计量模型和以《巴塞尔协议Ⅱ》为基准的内部评级法来进行风险评估和管控，而这样的风险计量模型以及信用评级、资本充足监管、公允价值会计准则等都呈现出明显的顺周期性，银行的风险识别能力会随着这些评判标准和金融系统的顺周期性而发生变化。在持续宽松的货币政策下，低利率使得资产和抵押物价值持续上升、企业财务费用④降低进而企业预期利润增加，企业净值持续改善，商业银行会忽视资产价格上升中产生的泡沫，低估资产的在险价值，进而低估借款人发生破产违约的概率和贷款损失准备的估计。换而言之，银行将会不自觉地降低其风险识别度，提高其风险容忍度，降低其对风险的定价，继而降低信贷标准，增加授信额度，进而造成银行资产负债表的扩张和风险资产占比的上升，最终导致银行被动风险承担增加。反之，当货币政策趋于紧缩时，市场流动性短缺将导致资金的

---

① 比如借款人的品德、发展前景、资本和资产的存在形式以及预期利润不变等。

② 公式中的 PV 表示现值。当 R 表示的是资产或抵押物未来产生的现金净流量时，PV 为该资产或抵押物当前的价格；当 R 表示的是企业未来现金净流入时，PV 为企业的未来现金流净现值。

③ BERNANKE B, GERTLER M, GILCHRIST S. The financial accelerator and the flight to quality[J].The Review of Economics and Statistics,1996, 148: 1-5.

④ 从会计角度讲，企业为贷款所支付的利息支出计入财务费用科目。

价格——利率上升，从而导致借款人的抵押物、未来收益现金流的现值和企业净值降低，银行将提高信贷标准，降低授信额度，进而减少自身的被动风险承担行为。

5.1.3 竞争效应

竞争效应是指货币政策的松紧会通过影响商业银行准备金和存款的变动改变其资金规模和成本，在银行产品和业务同质化以及薪酬激励短期性特征的作用下，行业内部竞争将更加激烈，此时，银行管理层和员工为获得自身利益最大化，会主动改变自身的风险承担意愿和行为。Keely（1990）和 Jiménez（2010）认为，通常将银行竞争与其风险承担行为的关系纳入“竞争 - 金融稳定性”框架，探讨银行业的竞争程度与其风险承担行为之间的关系。我国的商业银行所经营的业务同质化现象仍比较严重，导致各家银行之间以及同一银行内部员工之间的竞争白热化。在优质客户资源较为稀缺的时候，银行往往会出台各式各样的激励措施，以促使银行从业人员不断挖掘新客户、拓展新业务、寻找新的利润增长点，从而容易造成行业过度竞争。竞争效应主要通过银行内部薪酬激励机制和羊群效应使得银行的一般员工和经营管理层都具有竞相增加风险承担意愿的动力。

第一，从银行内部薪酬激励机制看，银行等金融机构从业人员的薪酬激励机制普遍存在短期效应，常基于短期收益或盯住绝对收益率进行考核，而不是将提升长期服务和软实力作为管理者和银行从业人员薪酬绩效的考核标准。在此激励机制和激烈的竞争下，银行的管理层和客户经理等内部成员有动力在低利率时期为维持高收益而投资高风险资产。

于银行客户经理而言，由于我国银行业至今仍没有建立起切实有效的呆账坏账终身问责制度和行业准入制度，常常激励有余而约束不足，从而易使客户经理在利益驱使和行业激励竞争的环境下降低风险容忍度，增加风险承担的行为。一般而言，客户经理的收入主要由职级工资、岗位绩效工资和奖励考核绩效工资三部分组成，而职级工资和岗位绩效工资又与上一考核期限的工作业绩挂钩。对于发生的不良贷款，银行往往规定从提取的风险基金中扣除或不计入创利部分并责令客户经理追回。以某商业银行为例，其在制定文件《客户经理绩效考核实施办法》中明确表示：对客户经理的考核主要看其服务的客户当年为该行创造的利润大小，其中本、外币贷款经营性利差收入 = 贷款利息收入 - 资金成本 = 贷款积数 ×（贷款实际利率 - 资金成本率）× 权重；同时规定客户经理在领取奖励金时按一定比例提取风险基金（2 万以下仅提取 10%）存入专户，若存满三年或未发生所预防的风险可以取兑风险基金。在稳健宽松的货币政策下，银行的资金相对充裕，客户经理面临更高的信贷投放目标，再加上业绩唯上的激励机制，客户经理不仅面临与其他银行客户经理之间的激励竞争局面，还面临与同一银行内部同事之间你追我赶、争先恐后的过度竞争局面，最终导致银行风险承担的增加。

于银行管理层而言，稳健宽松的货币政策表明国家在刺激经济稳定增长方面的态度和决心，他们愿意采取激进的方式寻求扩张。究其原因：一是因为银行的管理层存在着管理者筑围（Manager Entrenchment）现象，他们坚信“大而不倒”定律，即规模越大就越不容易倒闭和兼并，一旦出现问题也能及时得到政府救助，因此他们倾向于拓展客户资源，增加银行资产，扩大银行规模，提升银行的公众形象和影响力；二是因为规模和业务的扩张表明其所在的银行在支持经济增长方面发挥着积极的作用，能够获取政府的好感，从而在政策上获得倾斜；三是因为新增信贷项目出现违约现象一般存在潜伏期，增加贷款至少在短期内通过做大分母而降低不良贷款率，从而有助于缓解不良贷款上升的压力；四是即使银行风险显露，管理层也不容易遭遇解雇，因为每一个管理层都积累并拥有大量的优质客户资源和银行内部的业务信息，一旦被解雇会造成该银行客户资源流失和业务信息泄露。从社会和银行层面来看，可能某一项高风险投资项目是无利可图甚至亏损的（比如向预期亏损的企业发放贷款），但对决策者个人来说可能是有益可行的，因为后者不会承受所有的负面结果，此时决策者会进行该项投资，从而增加自身效用或利益。研究表明我国企业高管薪酬的业绩敏感性存在黏性的特征，业绩上升时薪酬增加幅度显著高于业绩下降时薪酬的降低幅度①；我国上市银行高管的薪酬与银行的盈利能力和总资产显著正相关而与经营的安全性关系不显著②，上市银行高管薪酬存在过度激励，这会造成银行风险承担水平的提高③。可见，我国银行管理层的考核和激励机制在一定

① 方军雄. 我国上市公司高管的薪酬存在黏性吗？[J]. 经济研究,2009,(3):110-124.

② 杨大光, 朱贵云, 武治国. 我国上市银行高管薪酬和经营绩效相关性研究 [J]. 金融论坛,2008,13(8):9-13.

③ 李亚微. 上市银行高管过度激励与风险承担水平的实证研究 [J]. 南方金融.2015(5):28-36.

程度上漠视管理层的过度风险承担行为，而“金色降落伞”制度①更加剧管理层投资项目时的风险承担行为，因为当投资成功后，他们会获得更多的薪酬绩效和更高的声誉，投资失败时他们的福利也不会遭受太大的损失。

第二，在金融市场激烈的竞争下，薪酬激励的短期性会因羊群效应表现得更为明显。由于资金对价格的反映极其迅速和敏锐，加之我国金融市场上金融产品同质化现象明显，同一梯队银行之间的竞争可能更多的是价格竞争而非产品和服务质量的竞争。当宽松的货币政策引起利率降低，继而银行存贷利差和边际利润下降，进而银行业现有资产组合收益普遍下降时，倘若一家银行率先降低信贷标准以增加信贷总额、获得较大风险溢价，从而使得该银行资产收益得以提高、市场份额得以扩大，则在激烈的市场竞争压力下，其他银行也会纷纷效仿，以避免丢失现有市场份额，失去拓展新市场份额的先机。在存贷款任务和各类盈利指标考核的压力下，银行从业人员往往容易低估未来经济下行时出现违约贷款的比例，或者即使预测到风险发生的概率，但迫于业绩考核的要求和同行的竞争，在羊群效应下也倾向于效仿跟随，增加风险资产在资产组合中的比重，从而达到盯住短期绝对收益率的薪酬考核目标，忽视未来风险的发生。因此，市场的激烈竞争无疑加剧了定期债务承诺和短期薪酬激励机制对银行风险承担行为的影响。

5.1.4 资金成本黏性效应

资金成本黏性效应主要是指货币政策的变化引起市场无风险利率和风险利率不同幅度的变动，进而导致商业银行在资金成本黏性的情况下为追求最大化利润而相应调整风险承担的过程。一般情况下，货币政策的变化会导致无风险收益率和风险收益率同方向变动，但无风险收益率变动的比例往往大于风险收益率变动的比例。这是因为无风险利率r_f通常小于市场风险利率r_m，若货币政策导致无风险利率和风险利率同时上升或下降α个百分点时，无风险利率上升或下降的比例$(r_f \pm \alpha)/r_f$ $(r_f \pm \alpha)/r_f$将大于风险利率上升或下降的比例$(r_m \pm \alpha)/r_m$ $(r_m \pm \alpha)/r_m$，从而导致银行在现有资产负债结构下利润空间发生变化，商业银行为达到既定的经营目标，

① “金色降落伞”指雇用合同中按照公司控制权变动条款，对失去工作中的管理人员进行补偿的分离规定，由于补偿丰厚，高管可以规避公司控制权变动带来的冲击而实现平稳过渡。

比如维持一定的净利润增长率或资产回报率等，会改变原来的风险承担。资金成本黏性效应又分为两种情况：一是银行的资金供给者追求黏性名义利率引致银行被动调整风险承担的行为；二是银行自身的负债结构和债务约束驱使银行主动调整风险承担意愿和行为。

第一，资金盈余方由于货币幻觉容易忽视实际利率与通货膨胀率的变化，仅盯住名义利率。根据西方经济学主流理论，原始生产要素主要包括劳动、土地、资本和企业家才能四类，其中劳动要素对应的报酬是工资，资本要素对应的报酬是利息。凯恩斯在货币幻觉[①]的假设前提下，提出了工资黏性定律。推而广之，不难理解作为资本要素报酬的利息收益率也和名义工资相同，在短期内具有“上去容易下去难”的黏性特征，即使资金的实际收益率不变，资金盈余方也较难接受名义利率的下降。那么，在名义利率和工资一样也具有黏性特征的情形下，银行的资金成本在短期内较难调整，从而迫使银行调整其风险资产和安全资产的组合比例，改变其风险承担。Gambacorta（2009）研究发现，在2003—2004年间，不少投资者为获得曾实现的高名义收益率，会将资金从低风险的政府债券市场转向了高收益率、高风险水平的公司和新兴债券市场。因此，当货币政策趋紧、市场利率较高时，银行通过投资无风险或低风险资产项目就能获得较高的收益率；但在货币政策宽松、市场利率下降时，银行的存款客户为追求黏性的名义利率纷纷转向更高收益的投资渠道。银行为避免存款流失，不得不承诺给客户支付高于存款基准利率的收益率，致使其资金成本上升。

我国虽然从2015年10月才完全放开存贷款基准利率管制，实现狭义上的利率市场化[②]，但为避免存款流失，银行早已推出信贷资产证券化产品以及各类理财产品，变相地提高存款利率。自2004年光大银行的第一款人民币理财产品推出以来，银行的各类理财产品在过去的十余年间得到了飞速的发展。截至2021年底，银行理财市场规模达到29万亿元，同比增长12.14%（其中净值型理财产品余额26.96

---

① 货币幻觉是指人们只是对货币的名义价值做出反应，而忽视其实际购买力变化的一种心理错觉。

② 我国的利率市场化改革早在1996年启动，但一直进展缓慢，存贷款利率的市场化是从2012年6月起才积极稳步推进，并最终于2015年10月放开了存款利率的上限，这被业界认为是实现了狭义上的利率市场化。中央银行研究局首席经济学家马骏表示，放开存款利率上限是利率市场化的重要里程碑，但并不是全部，利率市场化进程中的另外两项重要任务是强化金融机构的市场化定价能力和进一步疏通利率传导机制。国务院发展研究中心经济学家陈道富也指出广义的利率市场化还包括市场准入的放开和微观主体的约束等。

万亿元，占比 92.97%）[①]，而在 2007 年底这一余额仅为 0.53 万亿元[②]，十余年间增长了近 54 倍。理财产品的收益也明显高于银行同期存款利率。以一年期为例，2004 年到 2015 年这十年间，理财产品收益率和银行存款利率的周数据如图 5-3 所示。银行理财产品收益率在任何时期都高于同期存款基准利率，尤其是在 2007 年初至 2008 年上半年，二者的比值最高达到了 6 倍有余[③]。刘航等（2013）通过对环形城市模型中银行风险承担的均衡分析揭示出银行之间针对存款的竞争将迫使各银行提高存款利率，进而导致其投资风险过高的资产，且银行间竞争程度越激烈，其过度风险承担问题越严重。因此，在资金盈余方追求黏性收益率的情形下，由于银行的资金成本高于预期，导致其不得不调整现行的资产组合，增加对风险的容忍度和偏好，提高收益率下降比例较小的风险资产比重，降低下降比例较大的无风险资产比重，最终增加银行的风险承担。

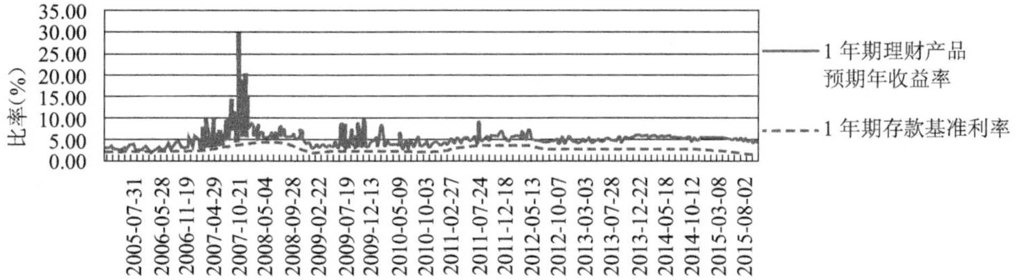

图 5-3　一年期银行理财产品收益率与银行存款基准利率[④]

第二，在监管或制度因素作用下，一些有长期支付承诺的金融机构需要将其对债务承诺的收益率与其在资产上获得的收益率进行匹配。我国商业银行的经营业务一直以吸收存款发放贷款为主，利润来源主要为存贷款利差。根据中国人民银行调查统计司对我国银行业人民币信贷收支统计情况来看，商业银行的存款来源中定期存款仍占据半壁江山。这是因为银行为减少资金的期限错配、降低流动性风险，必须保持一定比例的长期负债来匹配其发放的中长期贷款。

① 资料来源：《中国银行业理财市场年度报告（2021 年）》。

② 资料来源：Wind 数据库。

③ 根据 Wind 数据库的资料整理计算所得。

④ 数据来源：Wind 数据库。

2009 年 1 月，国有商业银行和其他商业银行[①]人民币各项存款余额为 333 501.27 亿元，其中居民和企业定期存款之和为 146 349.59 亿元，占各项存款余额的 43.88%。2015 年 6 月，全国中资银行[②]人民币境内存款共计 1 173 682.76 亿元，个人与单位定期存款和结构性存款[③]总和为 466 880.55 亿元，占比达 39.78%。从我国存款实际情况来看，银行的定期存款按储户存入资金之时的利率计算收益，存款期限内利率不做调整。然而，中长期贷款利率会根据新的市场利率每年调整一次（一般自当年 1 月 1 日起调整）。那么当货币政策变动使得市场利率随之变动时，定期存款利率不变而贷款利率会有相应的变化，这必然使银行的净利差空间改变。如当持续宽松的货币政策引起市场利率持续降低时，由于定期存款利息仍按利率降低之前支付，而贷款利率却会在每年年初下调一次，如此定会缩减银行的盈利空间。在高收益和高风险相伴相随的条件下，银行为了兑现定期存款的付息率承诺，极有可能在其信贷资金投放时选择较高收益但同时也有较高风险的项目，从而增加其风险承担。例如，在 2008 年年初，中国人民银行确定的三年期和五年期定期利率分别为 5.4% 和 5.85%，五年以上贷款基准利率为 7.83%。但自 2008 年第三季度起，由于受金融危机的影响，中国人民银行连续四次下调存贷款利率。截至 2008 年年末，五年期以上贷款基准利率仅为 5.94%。根据我国利率调整原则，即使银行与借款人签订的是长期贷款合同，贷款基准利率在 2009 年起也将调减至 5.94%，而五年期存款基准利率仍将维持在 5.85% 的水平，银行的存贷利差缩减。为了达到各种盈利考核目标，在较大资金成本压力以及对政府刺激经济乐观预期的驱使下，银行容易内生性地降低风险容忍度，增加风险承担。

① 国有银行和其他银行具体包括工商银行、农业银行、中国银行和建设银行四家国有商业银行以及交通银行、中信银行、中国光大银行、华夏银行、中国民生银行、广东发展银行、深圳发展银行、招商银行、上海浦东发展银行、兴业银行、恒丰银行、浙商银行、渤海银行十三家全国性股份制商业银行。2009 年中国人民银行仅公布了全部金融机构、国有商业银行和其他商业银行的信贷收支情况，笔者认为国有商业银行和其它商业银行的汇总数据更符合本文研究范畴。

② 中国人民银行分别公布了大型银行（2008 年末本外币资产总量大于等于 2 万亿元的银行）和中小型（2008 年末本外币资产总量小于 2 万亿元的银行）。

③ 结构性存款的特点是存款期限较长，短则 1 年（由银行决定），长则 3 至 5 年。

5.1.5　保险效应

保险效应是指银行业普遍具有的高杠杆率、高风险性以及内在脆弱性等特点，使其在受到严格监管的同时也获得了政府的隐性担保，因此当宽松的货币政策释放出积极信号时，为追求自身利润最大化，银行会在有限责任和政府安全网的庇佑下铤而走险，主动增加风险承担。2008 年全球金融危机的始作俑者是以华尔街投资银行为代表的金融机构。可以说，从某种角度来看，危机产生的根源之一就在于华尔街的贪婪，而导致这一贪婪的制度源泉则是有限责任和高杠杆率。根据第 2 章中的委托代理理论可知，商业银行的股东之所以偏向于高风险的投资是因为当其投资成功时能独享已有的超额收益；而当投资失败时，却能借故有限责任而将破产风险损失转嫁给存款人和债权人。由于信息不对称，银行的投资策略和资产组合明细并不会公开，存款人没有能力去监督银行；再加上许多发达国家都建立了显性限额存款保险制度，存款人和债权人也没有动力去监督银行。一旦发生经营损失，在有限责任的庇护下银行可以将风险转嫁给债权人、存款保险公司或政府，因此，在自有资金占比很低的高杠杆规则下，宽松的货币政策所释放的流动性充裕、经济运行良好的信号，使银行风险偏好增加风险承担。

此外，央行的沟通机制尤其是在宽松货币政策时期央行的沟通无疑是给银行等金融机构注射了一针强心剂，让银行获得了政府保增长的信号，因而主动增加风险承担的意愿和行为。Montes 和 Scarpari（2015）实证检验了中央银行与商业银行之间的沟通机制和政策是否会影响到商业银行的风险承担，得到的结论是当中银央行的沟通机制和政策影响到商业银行对宏观经济的悲观或乐观预期时，商业银行便会降低或增强风险承担。

保险效应现象在我国可能表现得更为明显。受我国传统思想、文化习俗、消费习惯、社会保障制度不完善、融资渠道不畅等因素的影响，我国居民的资产配置形式较为单一，银行存款一直是我国居民实现资产保值的主要渠道。虽然在 2015 年 5 月之前，我国都没有以法律形式规定保护“存款”人利益，没有建立存款保险基金，没有明确规定金融机构的保护方式和专门针对银行的破产法，但居民的高储蓄率使得政府和金融监管当局不可能坐视不理。迄今为止，我国尚未出现银行破产倒闭而致使债务无法清偿的案例。事实上，我国大型国有商业银行与政府之间存在着隐性合约关系，即政府为国有商业银行的信贷风险买单的隐性完全存款保险制度。尤其是在四大国有商业银行改制时期，政府通过注资、剥离不良资产、资产置换等多种手段充实国有商业银行资本金并降低不良贷款率的现象一度成为常态。例如2004年，财政部向中国银行和中国建设银行分别注资225亿美元帮助其实行股份制改造。非国有商业银行虽不能得到政府注资，但根据金融不稳定假说，由于金融体系容易引发多米诺骨牌效应，即使其经营不善，出现资不抵债，政府为防止出现大规模挤兑风潮，也会引导其通过被托管兼并的方式退出市场，避免因其破产导致储户存款本金和利息损失的风险。1995年，中银信托投资公司被接管案和1998年中国工商银行托管海南发展银行的债权债务案就是我国实施隐性存款保险制度的最好例证。虽然我国在2015年5月出台了《存款保险条例》，但其中第五条明确规定本金和利息的“最高偿付限额为人民币50万元”，能为我国99.63%的存款人提供全额保护，基本属于显性的完全存款保险制度。此外，由于银行业的特殊性，若多数商业银行同时陷入流动性困境或不良贷款率上升的尴尬境地时，为避免系统性风险的爆发和蔓延，中国人民银行作为“最后贷款人”和银行的银行，在业界被形象地称为“央妈”，极有可能实施较之前更为宽松的货币政策以释放流动性。长此以往，在信息不对称条件下，政府安全网的保障和非市场化退出机制容易滋生银行的道德风险，助长银行搭便车的心理以及过度风险承担行为。

以宽松的货币政策环境为例①，图5-4详细列示了货币政策对商业银行风险承担的作用机理。值得注意的是，货币政策对商业银行风险承担影响的作用机理之间并不是无关的，而是相互联系有机地结合在一起。换言之，各作用机理之间会产生重合叠加效应。例如，在信贷评估效应下，货币政策改变引起的市场利率变动，会使得商业银行根据顺周期性的信贷风险定价模型，客观上改变对借款人资产和抵押品的估值，进而改变对信贷资产风险的评估，增加被动风险承担；同时，在预期效应下，主观上改变银行的风险承担的意愿和能力，增加主动风险承担，并进一步产生金融加速器效应，加剧经济的波动。再如，竞争效应和资金成本黏性效应都是基于银行利润空间改变后产生的，不过前者产生于银行内部短期薪酬激励和考核压力的竞争机制，后者产生于存款人等债权人以及股东对收益的黏性要求，二者最终都使

① 根据凯恩斯理论，通常情况下社会有效需求是不足的，因此为刺激总需求，促进经济增长的宏观经济政策是各国普遍采用的，稳健宽松的货币政策比紧缩货币政策采用得更频繁。

得银行从业人员不得不增加风险承担。此时，若银行对未来经济持乐观态度，则在预期效应下，银行会主观低估未来发生风险的概率，下调风险溢价，降低信贷标准，增加信贷额度。即使银行对经济形势暂时并不十分乐观，但倘若商业银行在与中央银行沟通时了解到央行将保持宽松的货币政策立场，从而得到政府稳定经济的决心和信号，那么在有限责任、政府安全网等保险效应下也容易导致银行加剧道德风险，并在宽松货币政策刺激下经济终将回暖的预期效应下，主动增加风险承担。

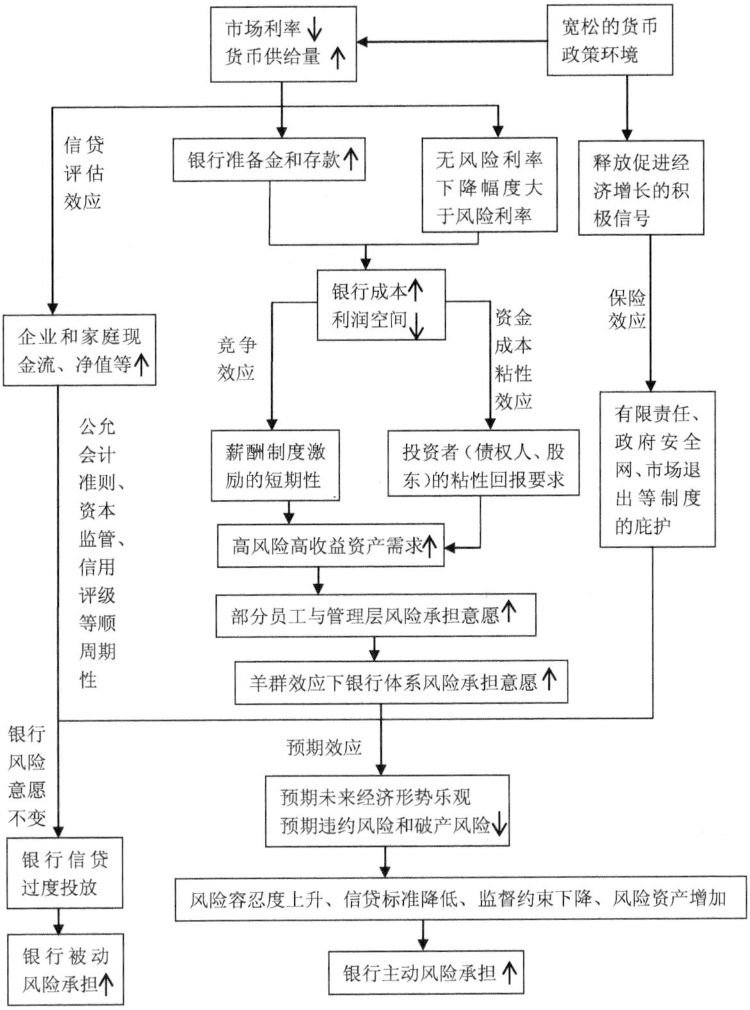

图 5-4　货币政策影响商业银行风险承担的作用机理

5.2 价格型货币政策影响商业银行风险承担的数理分析

Dell、Laeven 和 Marquez（2014）① 基于商业银行寻求自身利润最大化的前提条件，建立了理论模型（以下简称 D-L-M 模型），以期分析货币政策利率对银行风险承担行为的影响，从而将货币政策与商业银行风险承担和逐利行为很好地衔接在一起。该模型建立在以下两个基本假定的基础上：第一，银行受到有限责任的保护，即银行股东以其认缴的出资额或认购的股份为限对银行承担责任，因此银行在投资失败时无须向存款人支付利息；第二，银行的负债成本随无风险利率的变化而变化，这是因为无风险利率会影响到银行的存款利率，从而引起银行负债成本发生变化。在这两个基本假定下，D-L-M 模型指出银行的风险承担可以通过银行资产组合配置的风险程度来衡量，而后者又可以根据银行对借款者的监督程度来判断，因为银行对借款者的监督越严厉，银行的资产组合配置的风险程度越小，银行的风险承担就越小。因此，为推导政策利率的变化对商业银行风险承担行为的影响可以转而用分析政策利率变化对商业银行监督努力程度或监督成本的影响代替。

本节基于第 4 章论述的货币政策操作实践并结合我国金融环境特征，对 D-L-M 模型的假设条件进行适当修改。首先，在存款保险制度上，如前文所述，我国长期实行的是完全存款保险制度②，银行对存款人的本金和利息是刚性支付，在此背景下，银行存款与国债一样都是最为安全的资产。同时，长期以来我国的存款利率都是中国人民银行可以直接调控的政策工具。我国从 2012 年 6 月才允许商业银行的存款利率在中国人民银行设定的基准利率上最多可上浮 10%，随后逐步扩大浮动空间，直至 2015 年 10 月才完全放开存款基准利率的上限③。有鉴于此，我国的存款利率可以视为代表货币政策立场的政策利率。此外，存款准备金率一直是我国重要的

① Dell A G 等学者在 2010 年国际货币基金组织（IMF）的工作报告中首次提出该模型，并于 2014 年公开发表在《Journal of Economic Theory》刊物上。

② 在 2015 年 5 月《存款保险条例》推出之前，我国实行的是由政府担保的隐性完全存款保险制度；在 2015 年 5 月之后，我国实际上实行的是显性完全存款保险制度。

③ 具体详见表 4-4。

货币政策工具，应该在模型中考虑存款准备金率的影响。因此，笔者将 D-L-M 模型中的第一个假定条件修改为银行即使投资失败也要向存款人支付利息，同时存款利率就是无风险利率；将第二个假定修改为银行的负债成本随着无风险利率和存款准备金率的变化而变化，并在此基础上建立数理模型进行推导。

5.2.1 基本假设条件

第一，由于我国银行业长期处于政府的严格监管之下，准入门槛相对较高，因此银行业处于不完全竞争的市场结构中。根据经济学的理论知识可知，单个银行面临贷款需求函数 $L(r_L)$ 是向右下方倾斜的，其一阶导数 $L' \leqslant 0$ 。在不影响结论的前提下，为简化分析，假定需求曲线为线性，则有：$L=\alpha+\beta r_{L1}$，其中 r_L 为银行根据信贷数据计算出的每单位贷款的平均利率。

第二，银行贷款存在本息损失的风险，因此银行需要对其贷款资产组合进行监督以提高收回贷款本息的概率。假设银行的监督技术为常数，其实施监督的努力程度为 q，一般情况下，银行的监督努力程度越大，其监督成本越高，违约成本越低。因此，为使银行的总成本最低，银行在选择最优监督努力程度时要尽量在监督成本和违约成本之间平衡。Cordella 等（2003）计算得出银行单位贷款的最优监督成本为 $cq^2/2$①。由于银行监督努力程度越大，其监督成本越高，银行收回贷款的概率则越大，风险承担越低，故而监督努力程度 q 与贷款收回概率同向变动，即 q 越大，银行收回贷款的概率越大，风险承担越小。因此，可以将 q 作为银行风险承担意愿或行为的代理变量。由于 q 与银行收回贷款的概率呈正向变动关系，在不影响结论的前提下，为简化变量的设置，假设银行收回贷款的概率为 q，损失贷款本金和利息的概率为 $1-q$。

第三，银行的资金来源由吸收的存款负债和自有资金两部分组成，资金运用仅为发放贷款（考虑到银行的主营业务仍是放贷），若银行的自有资本比例为 k，且为外生变量，在无存款准备金要求的情况下，发放一单位贷款需要吸收存款 $1-k$；在有存款准备金要求的情况下，假设法定存款准备金率为 e（即银行每吸收一单位存款，就需向央行上缴 e 个单位的存款准备金，可用于发放贷款的存款数量为

① 这一结论也被 Dell A G 等学者和江曙霞等学者认可。

1−e），这时银行拟发放一单位贷款，所需要吸收的存款为（1−k）（1−e）。

第四，在完全存款保险制度的情形下，对存款的本金和利息支付是刚性的，换句话说即使银行发放的贷款面临违约风险，存款人的本金和利息也不会遭受损失，因此存款人不要求银行进行风险溢价的补偿，存款基准利率 r_{d} 等于政策利率或无风险利率 r_{f}。

第五，假设银行每单位自有资金所要求的收益为 r_{e}，r_{e} 实际上是银行每单位自有资金的机会成本，当银行面临贷款违约风险时，自有资本将遭受损失，银行必然要求对风险进行溢价补偿，因此 $r_{\mathrm{e}}=r_{\mathrm{f}}+\xi$，其中 ξ 为权益资本对贷款违约风险所要求的风险溢价，$\xi\geqslant 0$，并假定 ξ 与政策利率 r_{f} 不相关[①]。

第六，为简化预期收益的计算，假定银行仅面临借款者完全履约和完全违约两种极端情况。完全履约是指银行在发放的贷款到期后顺利收回贷款本金并获得约定利息收入，完全违约则是指银行在发放的贷款到期后不仅未能获得利息，还遭遇全部本金的损失。

5.2.2 数理模型的构建与推导

根据上述假定可知，银行以 q 的概率收回贷款，且每单位贷款获得的收入为 r_{L}，发生的成本为负债成本、权益资金的机会成本以及监督成本，其中负债成本即为单位贷款中银行吸收存款所需支付的利息 $r_{\mathrm{f}}(1-k)/(1-e)$，权益资金的机会成本为 $r_{\mathrm{e}}k$，监督成本为 $cq^2/2$。与此同时，银行以 1−q 的概率遭受违约损失，则银行每单位贷款获得的收入为 0，发生的成本为负债成本、权益资金的机会成本、监督成本以及单位贷款本金，前三者与上述相同，而单位贷款本金为 1。因此，银行每单位贷款的利润分布情况见表 5-1。

① 从资产定价角度看，ξ 与 r_{f} 可能会被某些共同的因素影响，从而具有一定的相关性，但 Dell A G 等学者认为只要二者不是完全正相关，则不会影响模型的结论。

表 5-1　银行每单位贷款的利润分布情况表

面临的情形	借款者履约，银行顺利收回贷款本金并获得约定利息	借款者违约，银行遭遇贷款本金和利息损失
概率	q	$1-q$
每单位贷款利润	$r_{\mathrm{L}}-r_{\mathrm{f}}\dfrac{1-k}{1-e}-r_{\mathrm{e}}k-\dfrac{cq^2}{2}$	$-(r_{\mathrm{f}}\dfrac{1-k}{1-e}+r_{\mathrm{e}}k+\dfrac{cq^2}{2}+1)$

由此可知，银行单位贷款的预期利润函数为

$$\pi_{\text{unit}}=q(r_{\mathrm{L}}-r_{\mathrm{f}}\frac{1-k}{1-e}-r_{\mathrm{e}}k-\frac{cq^2}{2})+(1-q)\times(-r_{\mathrm{f}}\frac{1-k}{1-e}-r_{\mathrm{e}}k-\frac{cq^2}{2}-1)$$

则在银行发放L单位贷款时，银行的预期利润函数为

$$\pi=[q(r_{\mathrm{L}}+1)-r_{\mathrm{f}}\frac{1-k}{1-e}-r_{\mathrm{e}}k-\frac{cq^2}{2}-1]\times L(r_{\mathrm{L}}) \tag{5-2}$$

假设商业银行在利润最大化条件下对风险承担行为的决策分为两个步骤：首先，商业银行根据中央银行引导（或确定）的无风险利率r_{f}（即存款基准利率），选择并确定每一单位贷款的平均利率r_{L}；其次，商业银行选择其监督努力程度q以确保贷款的收回。本书通过倒推法，从后一步骤开始，探寻银行选择使其利润最大化的最优监督努力程度q。在r_{L}给定的情况下，银行最优的监督努力程度q的一阶条件为

$$\frac{\partial\pi}{\partial q}=(r_{\mathrm{L}}+1-cq)\times L(r_{\mathrm{L}})=0$$

求解得：$q=\dfrac{r_{\mathrm{L}}+1}{c}$

由此可知：最优的监督程度$\hat{q}=\min(\dfrac{r_{\mathrm{L}}+1}{c},1)$

只要$c\geqslant r_{\mathrm{L}}+1$，则$\dfrac{r_{\mathrm{L}}+1}{c}\leqslant 1$，那么$\hat{q}\leqslant 1$，因此可以只需要考虑$\hat{q}=\dfrac{r_{\mathrm{L}}+1}{c}$的情形。此时，再求解第一步中银行关于最优贷款平均利率r_{L}的选择。将$\hat{q}=\dfrac{r_{\mathrm{L}}+1}{c}$代入式（5-2）中，可得：

$$\pi=[\frac{(r_{\mathrm{L}}+1)^2}{2c}-r_{\mathrm{f}}\frac{1-k}{1-e}-r_{\mathrm{e}}k-1]\times L(r_{\mathrm{L}}) \tag{5-3}$$

在式（5-3）基础上对r_{L}求偏导，可得：

$$\frac{\partial \pi}{\partial r_{\mathrm{L}}}=L(r_{\mathrm{L}})\times\frac{(r_{\mathrm{L}}+1)}{c}+[\frac{(r_{\mathrm{L}}+1)^2}{2c}-r_{\mathrm{f}}\frac{1-k}{1-e}-r_{\mathrm{e}}k-1]\times\frac{\partial L(r_{\mathrm{L}})}{\partial r_{\mathrm{L}}} \tag{5-4}$$

令 $G=\partial\pi/\partial r_L=0$，则

$$\frac{\partial G}{\partial r_{\mathrm{L}}}=\frac{\partial L(r_{\mathrm{L}})}{\partial r_{\mathrm{L}}}\times\frac{2(r_{\mathrm{L}}+1)}{c}+\frac{L(r_{\mathrm{L}})}{c} \tag{5-5}$$

由式（5-4）可知：

$$L(r_{\mathrm{L}})=\frac{-c[\frac{(r_{\mathrm{L}}+1)^2}{2c}-r_{\mathrm{f}}\frac{1-k}{1-e}-r_{\mathrm{e}}k-1]\times\frac{\partial L(r_{\mathrm{L}})}{\partial r_{\mathrm{L}}}}{r_{\mathrm{L}}+1} \tag{5-6}$$

将式（5-6）代入式（5-5）中，可得：

$$\frac{\partial G}{\partial r_{\mathrm{L}}}=[\frac{3(r_{\mathrm{L}}+1)}{2c}+\frac{r_{\mathrm{f}}\frac{1-k}{1-e}+(r_{\mathrm{f}}+\xi)k+1}{r_{\mathrm{L}}+1}]\times\frac{\partial L(r_{\mathrm{L}})}{\partial r_{\mathrm{L}}} \tag{5-7}$$

由于 c 的理论取值为 [0，∞)，但实际上根据现实情况，不论是国外还是国内，不论是出自银行监管当局的要求还是来自银行自身安全的需要，任何一家商业银行都会在一定程度上对贷款进行事前、事中以及事后的调查、审核和跟踪监督，或多或少都会产生一定的监督成本，因此 c 不可能取零值。那么 c 的实际取值区间应为（0，∞），即 c 为大于 0 的数。而如前所述，由于 k 表示银行的自有资本比例，e 表示法定存款准备金率，因此 k、e 的取值区间均为（0，1），则：

$$r_{\mathrm{f}}\frac{1-k}{1-e}+(r_{\mathrm{f}}+\xi)k+1=\frac{r_{\mathrm{f}}(1-ke)+(1-e)(1+\xi k)}{1-e}>0,$$

故在式（5-7）中，$[\frac{3(r_{\mathrm{L}}+1)}{2c}+\frac{r_{\mathrm{f}}\frac{1-k}{1-e}+(r_{\mathrm{f}}+\xi)k+1}{r_{\mathrm{L}}+1}]$ 的符号必然为正，

而 $\frac{\partial L(r_{\mathrm{L}})}{\partial r_{\mathrm{L}}}<0$，则式（5-7）的值小于 0，即 $\frac{\partial G}{\partial r_{\mathrm{L}}}<0$。

同时，$\frac{\partial G}{\partial r_{\mathrm{f}}}=-\frac{1-ke}{1-e}\times\frac{\partial L(r_{\mathrm{L}})}{\partial r_{\mathrm{L}}}>0$，而 $\frac{\mathrm{d}r_{\mathrm{L}}}{\mathrm{d}r_{\mathrm{f}}}=-\frac{\partial G}{\partial r_{\mathrm{f}}}/\frac{\partial G}{\partial r_{\mathrm{L}}}$，则 $\frac{\mathrm{d}r_{\mathrm{L}}}{\mathrm{d}r_{\mathrm{f}}}>0$。

因为 $\frac{\mathrm{d}\hat{q}}{\mathrm{d}r_{\mathrm{L}}}=\frac{1}{c}$，而 $c>0$，故 $\frac{\mathrm{d}\hat{q}}{\mathrm{d}r_{\mathrm{L}}}>0$，因此可得 $\frac{\mathrm{d}\hat{q}}{\mathrm{d}r_{\mathrm{f}}}=\frac{\mathrm{d}\hat{q}}{\mathrm{d}r_{\mathrm{L}}}\times\frac{\mathrm{d}r_{\mathrm{L}}}{\mathrm{d}r_{\mathrm{f}}}>0$。

5.2.3 数理模型的结论

由此可见，从数理模型的推导可以看出商业银行的最优监督努力程度 $\hat{q}$ 与市场

无风险利率 r_f 的一阶导数大于 0，这表明当市场无风险利率 r_f 下降时，商业银行的最优监督努力程度 $\hat{q}$ 也下降，二者之间是同向变动的。如前所述，由于商业银行的监督努力程度直接反映了银行风险承担的态度和行为，决定了银行收回贷款的成功率。如果商业银行风险承担越趋于稳健甚至保守，商业银行的监督努力程度 q 越大，银行收回贷款的概率就越高。同时由于我国的政策利率（如存款基准利率）一般被视为市场无风险利率，因而模型表明了商业银行在利润最大化目标的驱使下，在选择了最优监督成本后，其收回贷款的概率 q 与政策利率之间呈正相关关系，换句话说，政策无风险利率与商业银行风险承担之间呈负相关关系。这一影响关系可以用流程图 5-5 表示。

图 5-5 政策利率对银行风险承担影响流程图

5.3 数量型货币政策影响商业银行风险承担的数理分析

5.3.1 基本假设条件

中央银行和商业银行都是独立的经济主体，二者在金融市场中的地位和追求的目标是不同的。中央银行为了贯彻国家的政策意图，达到政策目标而制定相应的货币政策，其追求的目标是以最小的成本和最大的传导效率实现物价稳定、充分就业、国际收支平衡和经济增长。商业银行则是在中央银行制定的政策前提下以最小的成本实现自身利润最大化。在以间接金融为主要融资模式的金融市场中，货币政策的传导效率以及货币政策目标的实现很大程度上依赖商业银行（政策调节对象）在各制约因素下对中央银行（政策制定者）政策的执行效率。中央银行与商业银行之间的关系实质上是一种政策制定者与具体执行者之间的委托—代理关系。因此，为推导数量型货币政策对商业银行风险承担的影响，建立如下基本假定。

第一，中央银行为委托人，风险偏好中立，其效用取决于政策目标的实现；商业银行为代理人，其效用取决于收益情况，具有绝对风险规避特征。

第二，中央银行和商业银行之间是信息不对称和不完全的，中央银行只能通过观测到的某些变量推测商业银行的行为。

5.3.2 数理模型的构建

若中央银行希望通过调节基础货币和货币乘数，最终调控向经济体中注入的货币数量，则：

$$m = kh + \varepsilon,\ \varepsilon \sim N(0,\ \sigma^2)$$

其中，h 为基础货币或高能货币，完全由中央银行控制；k 为货币乘数，不仅要受中央银行决策影响，比如调节法定存款准备金率，更要受到商业银行的努力配合程度或执行效率的影响；ε 为货币数量的外生随机因素冲击，如社会、政治、市场等方面的不确定性对货币数量的影响；m 为广义的货币数量，表示中央银行的高能货币最终在银行体系派生存贷款的基础上对整个经济提供的信用支持。

商业银行的主营业务是存贷款业务，因此假设其获得的收入为

$$y = a + bm$$

其中，a 为与 m 无关的固定收益，比如代理、咨询等业务获得的收益；b 为商业银行的净利差，即平均生息资产的收益率与负债成本率的差额，取值在 0 到 1 之间；bm 为商业银行赚取的利息收入总额。

实体经济所获得的货币数量则为广义货币量减去商业银行所获得收益，即：

$$s = m - y = -a + (1-b)m$$

根据假设条件一，中央银行的效用取决于实体经济实际获得的货币量，因而中央银行的效用函数为

$$EU_{中} = EU_{中}(s) = EU[-a + (1-b)m] = EU_{中}[-a + (1-b)kh + (1-b)\varepsilon]$$

故而，$EU_{中} = [(1-b)kh - a]$

由于商业银行的效用具有绝对风险规避特征，因此其效用函数为

$$U_{银} = -e^{-\rho y}$$

其中，$\rho=-\frac{U''_{银}}{U'_{银}}$，表示商业银行的绝对风险规避系数。

若$\rho=0$表示银行对风险偏好中性，$\rho>0$表示银行趋于风险规避，风险承担意愿相对较低，$\rho<0$表示银行趋于风险偏好，风险承担意愿相对较高，因此可以用ρ反映银行的风险承担度，且二者呈反向变动关系。

假设c代表商业银行配合中央银行传导货币政策的努力成本，由于商业银行的努力程度会影响到货币乘数，因此也可将c看做是货币乘数k的函数，简化的函数表达式为

$$c(k)=\frac{1}{2}\beta(kh)^2$$

其中，$\beta>0$为银行努力程度的成本系数，β越大，表示同样的努力程度的成本越大。

此时，商业银行的净收益函数则为

$$\pi_{银}=y-c=a+bm-\frac{1}{2}\beta k^2h^2$$

假设商业银行的期望效用函数$EU_{银}$等价于确定性等价收入（Certainty Equivalent Wealth），而银行的确定性等价收入为

$$CE=E\pi_{银}-\frac{1}{2}\rho b^2\sigma^2=E(a+bm-\frac{1}{2}\beta k^2h^2)-\frac{1}{2}\rho b^2\sigma^2$$
$$=a+bkh-\frac{1}{2}\beta k^2h^2-\frac{1}{2}\rho b^2\sigma^2$$

其中，$\frac{1}{2}\rho b^2\sigma^2$为商业银行的简化风险成本，当$\rho=0$时，表明银行是风险中性的，确定性等价收入与不确定性收入之间无差异；当$\rho>0$时，说明银行是风险规避型的，对于不确定的收益要求有一个正的风险溢价补偿；当$\rho<0$时，说明银行是风险偏好型的，相较于确定性的收益，更愿意支付一定的溢价来获得不确定的收益。因此，

$$EU_{银}=E(-e^{-\rho y})=a+bkh-\frac{1}{2}\beta k^2h^2-\frac{1}{2}\rho b^2\sigma^2$$

作为委托人的中央银行与作为代理人的商业银行之间的矛盾在于商业银行提高努力程度可以增加其收入，但与此同时又会降低自身的效用水平。中央银行的目标是构建一份最优合同，在实现自身效用的同时，不仅能使商业银行接受委托提高配合货币政策实施的努力程度（即满足参与约束），还能保证商业银行实现自身效用

最大化（满足激励相容约束）。中央银行和商业银行要同时达到效用最大化须满足如下最优条件为

$$\max_b[(1-b)kh-a]\ \max_b[(1-b)kh-a] \tag{5-8}$$

$$s.t.\max_k[a+bkh-\frac{1}{2}\beta k^2h^2] \tag{5-9}$$

$$a+bkh-\frac{1}{2}\beta k^2h^2-\frac{1}{2}\rho b^2\sigma^2 \geqslant \underline{CE} \tag{5-10}$$

其中，$\underline{CE}$ 为商业银行设定的最低保本收入水平，这是银行持续经营的前提条件。

式（5-8）为中央银行要达到自身效用最大化时的必要条件；式（5-9）为商业银行在参与过程中要使其达到效用最大化的必要条件，中央银行在进行自身最优决策时须考虑的约束条件；式（5-10）为商业银行的激励相容约束条件，即商业银行要参与到中央银行货币政策实施过程中至少要使其确定性等价收入大于最低保本收入水平。

5.3.3 数理模型的推导与结论

首先，将约束条件式（5-9）简化为

$$k=\frac{b}{\beta h} \tag{5-11}$$

再将上述约束条件式（5-10）和式（5-11）带入目标函数式（5-8）中，得到：

$$\max_b[\frac{b}{\beta}-\frac{b^2}{2\beta}-\frac{1}{2}\rho b^2\sigma^2-\underline{CE}]$$

$$\max_b[\frac{b}{\beta}-\frac{b^2}{2\beta}-\frac{1}{2}\rho b^2\sigma^2-\underline{CE}] \tag{5-12}$$

因此，中央银行和商业银行的委托代理行为最优选择的均衡解为：

$$b=\beta hk=\frac{1}{1+\rho\beta\sigma^2} \tag{5-13}$$

为直观地看出商业银行的绝对风险规避系数与货币政策变量之间的关系，将式（5-13）进行变形，得到：

$$\rho=\frac{1}{\beta^2hk\sigma^2}-\frac{1}{\beta\sigma^2}=\frac{1}{\beta b\sigma^2}-\frac{1}{\beta\sigma^2} \tag{5-14}$$

由式（5-14）可知，商业银行的绝对风险规避系数 ρ 与 h 和 k 之间是负相关，

说明中央银行无论是通过数量型货币政策工具直接影响基础货币h或货币乘数k，都会对商业银行的绝对风险规避系数产生反向影响。以宽松的货币政策为例，当中央银行通过公开市场购买直接投放基础货币h或通过降低法定存款准备率进而提高到货币乘数k时，h或k的值将上升，从而商业银行的绝对风险规避系数ρ降低，如前文所述，ρ与风险承担是反向变动关系，因此银行的风险承担将上升。同时由于$b=\beta hk$，因此h和k的变动也会影响到商业银行的存贷利差b，当中央银行实施宽松货币政策时，在资金成本黏性效应下，银行的净利差b会增大，此时商业银行的风险规避系数降低，风险承担增加；反之若中央银行实施紧缩的货币政策，商业银行则倾向于降低风险承担。从均衡解看，一方面中央银行可以通过观测k了解商业银行对政策执行的配合程度，同时商业银行也能根据中央银行对h、k和b的调节，预期中央银行的政策立场，进而改变自身的风险承担以确保自身和中央银行效用均能实现最大化。例如，当中央银行推出宽松货币政策时，h、k和b会增加，此时商业银行会增加风险承担，并且预期中央银行也会默许这一做法，因为这样才是二者效用最大化的均衡解。

5.4 宽松货币政策环境下商业银行风险承担与利益博弈分析

5.4.1 银行内部利益主体的风险承担与利益博弈分析

若要考虑诸如信息是否完全、静态还是动态博弈、一次还是重复博弈等所有可能的情况，商业银行内部以及商业银行之间的利益博弈是一个非常复杂的问题。笔者拟通过简化但直观的完全信息静态博弈说明在宽松货币政策环境下商业银行风险承担与利益博弈的均衡情况。

由于商业银行表现出来的风险承担实质上是商业银行内部利益相关主体（包括银行股东、银行管理层以及银行普通员工等）风险承担行为博弈后的结果。根据第二章的理论基础可知，银行股东与管理层、管理层与普通员工之间的关系实质上是委托代理关系，学者们关于这方面的博弈研究已硕果累累（邵平，2008；周毓萍，2012），他们大多采用类似于本章关于中央银行和商业银行之间的数理分析方法，故而不再赘述。本节将基于完全信息静态博弈的视角论述具有竞争关系的银行管理层或普通员工在前面论述的货币政策影响银行风险承担的作用机理下，风险承担行为的博弈均衡策略。由于外在环境因素的复杂性和波动性，商业银行经营管理中的信息不对称现象无处不在，因此不论是银行管理层还是普通员工，在信息的不确定和有限理性的现实情况下，个人不是以收益最大化而是以效用最大化为准则。以银行管理层为例，现有两位互相竞争的银行经理，对于某类较高风险投资项目都有两种选择，投资与不投资。若选择不投资，银行经理个人收益的增值部分所带来的效用为 0；若选择投资，且投资成功，银行经理个人收益的增值部分所带来的效用为 U。若其中某一经理选择投资，而另一经理选择不投资，该项风险项目获得成功后投资的银行经理获得效用 U_1，而不投资的银行经理效用为 $-U_2$。由于两位经理是竞争关系，投资成功的经理不仅能获得风险项目带来的货币收益还能得到职务上的晋升和声誉的提高，这些都能给经理带来正效用，因此 $U_1>U$；而未选择投资的经理的效用则为负值，具体的得益矩阵如图 5-6 所示。根据博弈论的分析方法可知，银行经理的最优均衡策略是（投资，投资）。

		银行经理B 投资	银行经理B 不投资
银行经理A	投资	U，U	U_1，$-U_2$
	不投资	$-U_2$，U_1	0，0

图 5-6 风险投资成功时银行经理的效用矩阵

假设风险投资失败，若两位经理都选择了投资，他们可以将失败的原因归咎于经济环境或政策变动等外部因素，同时由于保险效应，银行不会因为投资决策的失误而破产倒闭，故而银行经理可能会免受处罚或处罚力度较小，因此其效用为 $-U'$，且 $U>U'\geqslant 0$，两位经理都选择不投资的效用仍为 0。若其中某一经理选择投资，而另一经理选择不投资，该项风险项目失败后投资的银行经理会遭受处罚，得益为 $-U_3$，而不投资的银行经理可能会得到职务上的晋升和声誉的提高，得

益为 U_4，具体的得益矩阵如图 5-7 所示。可见，当且仅当 $-U'=0$ 时，（不投资，不投资）与（投资，投资）都是银行经理博弈的均衡策略，此时银行经理的得益为 0；当 $-U'<0$ 时，银行经理博弈的均衡策略（不投资，不投资）。

		银行经理 B 投资	银行经理 B 不投资
银行经理 A	投资	$-U'$，$-U'$	$-U_3$，U_4
	不投资	U_4，$-U_3$	0，0

图 5-7　风险投资失败时银行经理的效用矩阵

通过前面的论证可知，宽松货币政策的预期效应、信贷评估效应、资金成本黏性效应促使商业银行体系有着整体风险承担上升的趋势。即使 $-U'<0$，但由于 $U>U'$，银行经理在投资成功时所获得的效用将大于投资失败时的效用损失，因此，银行经理有倾向增加风险承担，选择较高风险投资项目。此时，若某一银行经理预期经济形势将会好转而率先选择了投资较高风险的项目，在羊群效应下，其余的银行经理都会增加自身的风险承担。值得注意的是，上述分析虽然是以银行经理为例，充分说明了其风险承担行为具有较强的羊群效应，但这一结论同样也适用于银行的普通员工。

5.4.2　商业银行之间的风险承担与利益博弈分析

前面分析了由于存在竞争关系，同一家商业银行的管理层之间以及员工之间在羊群效应下的最优风险承担策略。根据第 2 章的分析，管理层和员工尤其是管理层的风险承担很大程度上决定了商业银行的风险承担，因此本部分假设在上述银行内部利益相关主体的风险承担行为博弈下最终使得金融市场上有两类商业银行：一类是高风险承担型；另一类是低风险承担型，由于存在显性或隐性存款保险制度，在保险效应下商业银行不会破产。首先，在不考虑货币政策的情况下，两类银行很清楚自己在经济景气和低迷时期的得益情况如表 5-2 所示。

表 5-2　商业银行在不同经济时期的得益情况

	经济景气	经济低迷
高风险承担银行	R_1	R_2
低风险承担银行	R_3	R_4

两类银行在经济景气和低迷两种情况下的得益满足关系 $R_1>R_3>R_4>R_2$，这是由于相比低风险承担商业银行，高风险承担商业银行因为放松了信贷标准，增加了信贷数量，从而扩大了市场份额。在经济景气时期，企业运行良好，盈利空间较大，违约率较低，因此不良贷款增加的幅度小于收益增加的幅度，因而 $R_1>R_3$；而在经济低迷时期，企业违约率上升，不良贷款增加的幅度大于收益增加的幅度，故而 $R_2<R_4$。

假设商业银行的类型并非固定不变，在实际经营中，他们正是根据确定的经济运行情况调整自己的风险承担行为，从而选择商业银行之间博弈均衡的最优得益。在经济景气和低迷时，任意两家商业银行的不同风险承担行为对应的纯策略得益矩阵分别如图 5-8 和图 5-9 所示。

银行A \ 银行B	高风险承担	低风险承担
高风险承担	R_1，R_1	R_1，R_3
低风险承担	R_3，R_1	R_3，R_3

图 5-8　经济景气时期银行的得益矩阵

可见，在经济景气时期，商业银行能找到唯一纳什均衡解（R_1，R_1），这表明商业银行都会选择高风险承担。

银行A \ 银行B	高风险承担	低风险承担
高风险承担	R_2，R_2	R_2，R_4
低风险承担	R_4，R_2	R_4，R_4

图 5-9　经济低迷时期银行的得益矩阵

在经济低迷时期，商业银行的唯一纳什均衡解为（R_4，R_4），这表明商业银行都会选择低风险承担。这一博弈模型反映了商业银行的顺周期性，即商业银行会根据实际经济周期而对风险承担行为进行选择和博弈，最终均会在经济景气时期增加风险承担，经济低迷时期降低风险承担。

在此基础上，假设商业银行不能确定未来经济的走势，但可以通过观测货币政策的立场和措施对未来经济形势进行预期。假设商业银行预期未来经济形势乐观的概率为 p，经济形势悲观的概率则为 1-p，那么高风险承担商业银行的预期得益 $ER_H=P\times R1+(1-P)\times R_2$，而低风险承担商业银行的预期得益 $ER_L=P\times R_3+(1-P)\times R_4$。商业银行的得益矩阵变为图 5-10。

		银行 B	
		高风险承担	低风险承担
银行A	高风险承担	ER_H，ER_H	ER_H，ER_L
	低风险承担	ER_L，ER_H	ER_L，ER_L

图 5-10 经济形势不确定时期银行的得益矩阵

由于 $R_1>R_3>R_4>R_2$，因此无法判断经济形势不确定时 ER_H 与 ER_L 之间的关系，从而无法判断商业银行之间的博弈均衡。当 $P(R_1-R_3)>(1-P)(R_4-R_2)$ 时，$ER_H>ER_L$，反之当 $P(R_1-R_3)>(1-P)(R_4-R_2)$ 时，$ER_H<ER_L$。根据前面分析的预期效应可知，由于在经济低迷的情况下，中央银行往往会出台宽松的货币政策，从而刺激有效需求和产出的增加。如果所有商业银行都根据先验概率预期中央银行将以较大的概率出台宽松货币政策直到经济走出低谷，若宽松货币政策带给商业银行的经济景气预期概率 P 越大，商业银行的预期得益 ER_H 越有可能大于 ER_L，从而使商业银行之间的博弈均衡解为（ER_H，ER_H）。从上述关于中央银行与商业银行之间的博弈均衡解可以知道，中央银行实施宽松货币政策的目的是帮助经济实现充分就业，并希望商业银行积极配合货币政策的实施，因此商业银行最终在（ER_H，ER_H）实现均衡的可能性要大于在（ER_L，ER_L）的情况，从而得出在宽松的货币政策下，商业银行更倾向于提高风险承担，反之则应相反。

6　我国货币政策对商业银行风险承担影响的实证检验

第 5 章从理论上论述了货币政策对商业银行风险承担的影响关系，本章将对理论分析的结论进行实证检验。结合前述对风险承担的界定和分类看，商业银行风险承担包括了事前的风险承担、事中的风险承担以及事后风险承担。因此，本章将货币政策对商业银行风险承担影响的检验分为三个层面：货币政策影响商业银行事前主观选择风险的态度和意愿、货币政策影响商业银行事中主动或被动承担风险的行为、货币政策影响商业银行事后客观遭遇风险的损失或后果。结合第三章商业银行风险承担度量的分析，本章首先基于货币政策和银行业宏观层面数据，采用能反映银行业在事前、事中和事后风险承担过程的代理变量，进行计量回归分析，以检验货币政策对银行业整体风险承担的影响；其次结合一百余家商业银行微观面板数据，在控制了其他影响商业银行风险承担因素的变量后，采用动态面板数据计量的 GMM 方法更为精准地检验货币政策对单个商业银行风险承担的影响关系；最后通过引入货币政策立场的虚拟变量和交互项，检验货币政策影响商业银行的风险承担是否具有非对称性。

6.1　宏观视角下货币政策影响商业银行风险承担的实证检验

6.1.1　货币政策影响商业银行事前风险承担的检验

货币政策对商业银行事前风险承担的影响是指货币政策的松紧会从主观上改变商业银行风险承担的意愿或态度，进而影响商业银行的风险识别度或容忍度。这是货币政策影响商业银行风险承担首要的环节，也是最为重要的一个环节，因为受货币政策影响的事前主观风险承担会进一步地影响到后续的风险承担行为、决策乃至后果。虽然风险承担的意愿或态度很难衡量，风险识别度或容忍度也难以计量，但这一事前的意愿或态度可以通过银行的贷款审批标准的变化表现出来。宽松货币政策所带来金融市场宽松的流动性会加剧银行的市场竞争，同时加大银行对未来市场流动性持续充裕的预期，因而会降低风险识别度，放松信贷标准以追求更多的市场份额和经济利润。

众所周知，2008 年的金融危机是由美国的次级抵押贷款危机，简称次贷危机（Subprime Crisis）演变而来。所谓次级，即次级客户，是相对于优质客户而言的，指的是那些信用程度较差、收入水平较低、还款能力不强的借款人。银行之所以敢于降低信贷门槛、放松信贷标准，向次级借款人发放房屋抵押贷款，一方面是因为 2000 年以后美国长期实行宽松的低利率货币政策，另一方面是出于对美国房地产价格走势乐观的预期。这样次级客户在低利率政策下仅需要支付极少的利息来偿还房贷，不会对其财务状况造成过大的负担，同时在经济和房价未来走势乐观的预期下，即使次级客户将来的财务状况出现了恶化，也可以通过变卖房屋来应对债务危机。因而，在长期宽松的货币政策下，银行普遍降低了住房抵押贷款对象的标准和条件，主观上改变了风险承担的意愿或态度，即改变了商业银行的事前风险承担。如前文所述，国外部分学者基于银行信贷登记的微观面板数据，实证检验货币政策是否改变了银行的信贷标准，并得到了肯定的答案。明斯基（Minsky，1986）在对长达半个世纪经济繁荣和衰退期的波动分析后指出，金融机构在经济繁荣和高利润的诱导下，逐渐放松了贷款条件，而借款企业受宽松的信贷环境鼓励，也倾向于采取更高的负债比率。Matsuyama（2007）通过数理模型的推导证实了这一机制。

笔者在第5章信贷评估效应的论述中也指出这一机制在我国仍然存在。当利率降低时，借款人的净资产价值上升，从而导致金融机构在筛选借款人时，更偏好于将贷款发放给抵押资产较少、风险更高的借款人。而当利率上升时，借款人资产净值减少，金融机构会择优而栖（Flight to Quality），寻找更为优质、安全的企业或项目，减少对风险较高借款人的信贷。

从我国的实际情况看，早在2000年，银行业就普遍出现“惜贷”现象，即经营贷款的金融机构提高贷款标准，以高于市场利率水平的条件放贷，甚至不愿放贷，从而导致信贷增长下降的现象。同时，这样一种信贷紧缩现象可能与货币政策紧缩有关。中央银行突然减少基础货币的投放会促使银行贷款能力大大降低，进而引发信贷紧缩①。此后却鲜有学者从该视角展开深入研究，究其原因主要在于反映各银行微观层面的信贷数据难以获得。各银行贷款审批的相关流程和具体信息不仅涉及客户的隐私，也向来被银行视为极其重要的信息资源，常常以商业秘密为由不予公开。迄今为止，我国尚未建立起基于银行信贷登记信息的公共数据库，这使得研究我国货币政策是否影响商业银行信贷审批条件和门槛遭遇障碍。庆幸的是中国人民银行借鉴国际上对银行信贷市场定性信息调查的先进做法，自2004年起对全国各类银行机构开展了每季度一次、范围涉及全国3 000多家银行机构的银行家问卷调查②，以期全面地把握和预测信贷市场的资金需求情况、贷款标准和意愿以及发展趋势等。调查对象为各银行机构的总部负责人、分支机构的行长或主管信贷业务的副行长。调查的其中一项内容便是银行贷款审批条件指数，具体的计算方法是先分别计算认为本行本季度审批条件“放松”与“基本不变”的银行家占比数，对认为“放松”的赋予权重1，认为“基本不变”的赋予权重0.5，然后加权求和得出该指数。指数的取值在0到100%之间，数值越高，说明银行当季的贷款审批条件越宽松，反之则反是。当且仅当所有受访银行家都认为本行本季度审批条件为“放松”时，其值才为100%；当且仅当所有受访银行家都认为本行本季度审批条件为“紧张”时，其值为0。金鹏辉等（2014）率先利用该指数来作为反映银行风险承担意

① 钱小安.“信贷紧缩——不良贷款”陷阱的形成及其治理[J].金融研究,2000(5):31.

② 中国人民银行调查统计司官方网站公布了关于问卷详细的编制说明。

愿的代理变量，将一年期贷款利率作为货币政策环境的代理变量，并引入宽松货币政策持续时间哑变量，通过主成分分析实证检验了货币政策对商业银行风险承担意愿之间的关系，得出了一年期贷款利率越低，货币政策越宽松，银行信贷审批条件指数越低，银行越愿意承担风险的结论。也就是说，宽松的货币政策鼓励银行放松贷款标准并承担更多风险。这也正好说明了货币政策对银行的事前风险承担确实产生了显著的反向影响关系。

鉴于反映货币政策环境的“一年期贷款利率”是客观指标，而反映银行事前风险承担的“银行贷款审批指数”是主观指标，那么将客观指标和主观指标放在一起得到的回归结果是否合适、稳健呢？带着这一思考，笔者试图在既有研究结论的基础上期望能再找寻一点论据来支撑货币政策影响商业银行事前的主观风险承担这一论点。换言之，银行家们确实是在观察并分析了中国人民银行在制定和执行货币政策的信息后，形成对货币政策环境的主观判断，进而相应调整其主观风险承担的意愿。

6.1.1.1 变量选择与数据说明

在研阅中国人民银行公布的银行家问卷调查指数表后发现，中国人民银行调查银行家贷款审批指数的同时也调查了他们对货币政策的感受。具体做法是将判断货币政策为“适度”的银行家占比数作为货币政策感受指数。因此，笔者采用同样作为主观指标的银行家货币政策的感受指数与银行贷款审批指数进行比较分析，数据选择的区间为 2009 年一季度至 2016 年四季度①，得到二者的折线图，如图 6-1 所示。从图中可以较为明显地看出，基于相同时期、相同调查对象的判断而计算出的货币政策感受指数与银行贷款审批指数大致呈相同的变化趋势。尤其是在 2009 年四季度开始到 2014 年四季度期间，二者几乎表现出了相同的走势。为进一步探寻二者之间的拟合关系，还应进行回归分析。

① 数据来源：中国人民银行调查统计司官方网站。虽然中国人民银行自 2004 年便开始进行问卷调查，但仅在网站上公开了 2009 年一季度及以后的银行贷款审批指数。

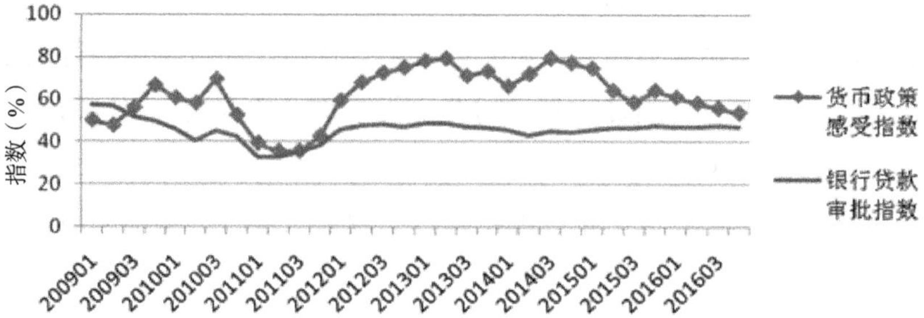

图 6-1　银行贷款审批指数与货币政策感受指数走势图

6.1.1.2　回归结果与分析

1. 变量的平稳性检验

按照经典做法，采用 ADF 检验法对 *CS* 和 Δ*MPF* 的原序列及其差分序列进行平稳性检验。考虑到变量滞后长度的选择会影响到检验结果的可靠性，在综合考虑 AIC、SC 和 HQ 信息准则后确定最优滞后长度。ADF 检验结果如表 6-1 所示。

表 6-1　CS、MPF 及其差分序列的平稳性检验

序列名称	ADF 统计量	检验类型[①] (c，t，k)	概率值	检验结论
CS	-3.221 950	c，0，3	0.029 2	平稳
MPF	-2.401 613	c，0，1	0.149 8	非平稳
Δ*MPF*	-4. 246 689	0，0，0	0.000 1	平稳

表 6-1 中，Δ*MPF* 为 *MPF* 的一阶差分序列，在显著性水平 α 取 0.05 时，*CS* 的原序列平稳，*MPF* 存在单位根，为非平稳序列，但 *MPF* 一阶差分后的序列平稳。因此，不能直接对两个原序列进行回归，而只能用 *CS* 的原序列和 *MPF* 的一阶差分序列做回归。考虑到风险承担意愿具有一定的惯性，银行本期的贷款审批条件可能会受到上一期审批条件的影响，因此为了更精确地描述二者之间的回归关系，笔者将上一期的 *CS* 值也纳入模型中进行实证检验。

① 检验类型中的 c，t，k 分别表示单位根检验方程包括常数项、时间趋势和滞后阶数，0 表示不包含。

2. 回归结果

软件采用 Eviews 8.0，计量方法采用最小二乘法，得出的结果如下。

$$CS = 9.524422 + 0.784846CS(-1) + 0.210008\Delta MPF$$

（3.752 230）　（0.081 214）　（0.059 194）

[2.538 337]**　[9.663 909]***　[3.547 801]***

R^2=0.783 415　　Adjusted R^2=0.767 945

其中，CS 代表银行贷款审批条件指数，其值越大，表示银行业整体的贷款审批条件越宽松；ΔMPF 表示货币政策感受指数的一阶差分，即当期货币政策感受指数与上一期的差值，若 ΔMPF 大于 0，则说明大部分的银行家认为当期货币政策环境比上一期的政策环境更为宽松；反之若 ΔMPF 小于 0，则表示大部分的银行家认为当期货币政策环境比上一期的政策环境趋紧；$CS(-1)$ 为上一季度的银行贷款审批条件指数。在方程中，需要关心的是 ΔMPF 的系数符号及其显著性。从回归结果看，ΔMPF 的 t 值在 1% 以内显著，系数为正，说明银行家当期对货币政策感受比上一期更宽松，贷款审批条件也更放松。

6.1.2 货币政策影响商业银行事中风险承担的检验

货币政策对商业银行事中风险承担的影响是指货币政策的松紧会影响到商业银行主动或被动的风险承担行为或决策。而这一风险承担行为或决策虽然是银行内部行为，较为隐蔽，但却能通过银行的资产负债结构、表外业务的开展以及贷款定价是否改变等形式表现出来。如果宽松的货币政策引起证券投资收益比贷款收益下降更多，增加信贷投放的机会成本下降，银行将会增加投资组合中贷款的权重。此外，货币政策不仅影响银行的贷款审批标准和规模，还会影响贷款的定价，低利率时银行会降低高风险贷款与低风险贷款之间的利差。梁华权（2013）在分析中小企业贷款融资难问题时还发现，紧缩的货币政策造成银行票据业务收缩，使得中小企业短期资金融通受到制约，同时使银行信贷规模受限，中小企业融资难度增大。

货币政策的信贷传导渠道理论认为，货币政策的松紧会影响到银行的信贷资金总量，进而影响到商业银行的贷款投放数量。然而在货币政策影响商业银行信贷投放数量的过程中，也会相应地影响商业银行的风险承担的行为和决策，即影响商业银行事中的风险承担，而上述行为的直接表现就是银行会增加其风险资产的比重或是增加资产与负债期限错配的敞口，抑或是商业银行为了躲避监管通过表外业务的形式释放信贷资金等。例如，当中国人民银行实行宽松的货币政策并下调法定存款准备金率时，商业银行的可贷资金规模增加。为了降低可贷资金的机会成本，尽可能地提高资金的使用效率从而赚取更多的利润，商业银行会积极努力地扩张资产负债表，增加资金运用的规模和比重，适当提升风险加权资产占比，从而增加了风险承担的行为和决策。如果此时，银行面临较严格的法律及监管制度的限制，比如存贷比的限制、利率上限的限制或者最低资本充足率等方面的限制，银行便会通过金融创新的途径和方式将处于监管之下的表内业务转化为脱离监管的表外业务，这本身就是一个提升风险承担水平的冒险激进行为。

基于此，要测度货币政策对商业银行风险承担行为是否产生显著的影响，可以从各银行的资产负债表中提取与风险承担相关的信息，将隐蔽的风险承担行为显性化。例如，可以采用风险加权资产占比指标、净贷款占总资产的比重、客户贷款和垫款总额增长率等指标来反映银行风险承担的行为。若货币政策与风险加权资产占比显著负相关，则说明宽松的货币政策（往往伴随着利率的下降或者货币供给量增速的提升）会增加商业银行风险承担行为，从而在财务信息披露中表现为风险加权资产占比上升（陈玉婵等，2012；曹廷求等，2012）。在宽松的货币政策时期，若银行在经营管理过程中明显增加了风险承担，那么其净贷款占总资产的比重会攀升（徐明东，2012），或者客户贷款和垫款总额增长率将会明显提升（乔煜峰，2014）。货币政策影响商业银行的风险承担行为还表现在银行融资方式的选择上，若银行更多地通过稳定性较差、期限更短的非存款负债来筹措资金，并将导致资产与负债的流动性缺口增大，商业银行的风险承担增加，此时银行的非存款负债占总资产的比例也会随之增大（Angeloni 等，2015；李菁、梁俊，2015）。此外，若宽松货币政策释放的流动性面临金融抑制的环境，商业银行增加风险承担的行为可能不会通过资产负债表内信息数据反映出来，但商业银行会将风险业务从表内延伸到表外，借助影子银行业务绕开金融管制来获取高回报，承担高风险（胡利琴等，2016）。

笔者认为，除上述表现形式及其对应指标外，我国货币政策影响银行事中风险承担的形式还可以表现为货币政策的改变是否引起了贷款风险溢价的显著改变，即可以将贷款风险溢价指标作为衡量银行业整体事中风险承担的代理变量。这是因为以经营存贷款业务为主的商业银行，其信贷资产的定价行为和所要求的风险溢价从某种程度上反映了银行的风险承担行为。若银行降低高风险贷款与低风险贷款之间的利差则说明其风险承担行为在增加，反之则相反。

6.1.2.1　变量选择及数据说明

受限于我国商业银行信贷资产定价资料的不可获取性，目前国内还鲜有基于货币政策是否影响商业银行贷款定价研究的相关文献。笔者在查阅各数据库提供的资料时，找到可以作为衡量商业银行整体贷款定价情况的近似变量——金融机构人民币贷款平均利率指标体系。该体系中的各指标值均为季度数据，由中国人民银行自2005年第三季度开始统计并对外公布，在2008年时，其统计口径发生了变化[①]。现行指标体系具体囊括了金融机构人民币贷款加权平均利率、一般贷款的加权平均利率、票据融资的加权平均利率以及个人住房贷款的加权平均利率。为了较为全面地反映银行业整体的贷款定价情况，笔者采用金融机构人民币综合贷款加权平均利率[②]反映银行业的贷款定价，一年期存款基准利率反映市场的无风险利率，二者之差代表银行业对贷款所要求的风险溢价，记为PRICE。该指标能反映银行在贷款审核发放过程中的风险承担，其值越大，说明商业银行发放贷款时要求的风险溢价越多，风险承担越小，反之则风险承担越大。货币政策的代理变量采用货币供给量M2的同比增长率，其值越大表示货币政策越宽松。为了尽可能增加样本的容量，让回归结果更真实可信，笔者拟采用2005年第三季度至2016年第三季度的季度数据进行实证分析[③]。

---

① 该指标体系在2005年公布伊始，是按照贷款的期限来划分的，而2008年的统计口径是按贷款的类别来划分的。虽然统计的范畴是整个金融机构，但是考虑到商业银行在整个金融体系中的主导作用以及银行与其他金融机构的关联性越来越强，因此采用金融机构人民币贷款的平均利率能很好地反映银行业的利率水平。

② 即中国人民银行《货币政策执行报告》中所关注的非金融企业及其他部门贷款加权平均利率指标。

③ 为了增加样本容量，笔者将统计前后的指标进行了认真比对，发现2005—2008年的统计指标中一年期的贷款加权平均利率与金融机构人民币贷款加权平均利率能够很好地衔接上。

6.1.2.2 计量结果与分析

1. 变量的平稳性检验

本部分依然选择ADF检验法对*PRICE*和M_2及其差分序列进行平稳性检验。最优滞后长度仍是在综合考虑AIC、SC和HQ信息准则后确定的。检验结果如表6-2所示。

表6-2 *PRICE*、M_2及其差分序列的平稳性检验

序列名称	ADF统计量	检验类型①（*c*，*t*，*k*）	概率值	检验结论
PRICE	−2.179 745	*c*，0，1	0.216 5	非平稳
Δ*PRICE*	−5.660 645	0，0，0	0.000 0	平稳
M_2	−1.955 181	*c*，0，1	0.304 9	非平稳
ΔM_2	−4.928 609	0，0，0	0.000 0	平稳

表6-2中，Δ*PRICE*和ΔM_2分别为*PRICE*和M_2的一阶差分序列，在显著性水平α取0.001时，原序列均存在单位根，为非平稳序列。而对于它们的一阶差分序列Δ*PRICE*和ΔM_2，其ADF统计量的概率值均为0.000 0，说明在0.001的显著性水平下，两变量的原序列均存在单位根，为非平稳序列；而其一阶差分序列Δ*PRICE*和ΔM_2均不存在单位根，为平稳序列。因此，两个序列均为一阶单整序列，记为I（1）。

2. 变量的协整检验

计量经济学认为，经济时间序列绝大多数都是非平稳的，若直接对变量序列进行回归，可能会出现“伪回归（Spurious Regression）”现象，尽管回归结果显著但却无法真实反映变量序列之间的计量关系。只有当变量序列的单整阶数即差分的次数相同，且变量之间存在协整关系或者说长期稳定的关系时，才能对原序列做回归以厘清变量之间的相关关系。表6-2得出了*PRICE*和M_2两序列是非平稳的一阶单整序列，二者是否存在长期稳定的关系还需进一步做协整检验。根据计量经济学的理论方法，拟采用Johansen协整检验方法。当迹统计量小于一定显著性水平下的临界值时，接受原假设，反之则拒绝原假设。检验的结果如表6-3所示。

---

① 检验类型中的*c*,*t*,*k*分别表示单位根检验方程包括常数项、时间趋势和滞后阶数，0表示不包含。

表 6-3 *PRICE* 和 M_2 的 Johansen 协整检验

原假设（协整向量的个数）	特征值	迹统计量	临界点（α=0.05）	迹统计量对应的概率值
无协整关系	0.267 884	17.275 80	15.494 71	0.026 7
至多有一个协整关系	0.133 081	5.426 757	3.841 466	0.019 8

从表 6-3 可见，在综合考虑 AIC、SC 和 HQ 信息准则选取最优滞后期后发现，*PRICE* 和 M_2 至少存在一个的协整关系，从而判定二者有长期稳定的联系。Eviews 8.0 软件给出的标准化的协整方程为

$$PRICE=-0.016\,205M_2+ecm$$

3. 回归结果

既然 *PRICE* 与 M_2 两变量存在长期稳定的联系，因此可以对原序列进行回归，以反映二者的相关关系。采用最小二乘法回归，得出的结果为

$$PRICE=5.000\,924-0.078\,083M_2$$

$$(0.156\,286) \qquad (0.009\,149)$$

$$[31.998\,61]^{***} \qquad [-8.534\,598]^{***}$$

$$R^2=0.634\,272 \qquad \text{Adjusted } R^2=0.625\,564$$

从回归结果可知，M_2 与 *PRICE* 是负相关关系，说明货币投放量越多，商业银行贷款的风险溢价越低，且当货币供给量 M_2 的增速提高 1 个百分点，商业银行贷款风险的溢价降低约 0.08 个百分点，换言之，央行在实施宽松货币政策时，助长了商业银行的风险承担，促使银行在发放贷款时降低风险溢价。

6.1.3 货币政策影响商业银行事后风险承担的检验

货币政策对商业银行事后风险承担的影响是指货币政策的松紧通过作用于商业银行主观风险承担的意愿和风险承担的行为，最终会影响到商业银行风险承担的结果。这一风险承担的结果往往会以银行资产质量的改变、盈利能力的下降以及破产风险增大等形式表现出来。例如，作为反映商业银行资产质量指标的不良贷款率会受到宽松货币政策的影响明显上升，贷款损失准备占贷款之比将会上升，或者用 *Z* 值表示的破产风险与货币政策或货币政策预期负相关。现有文献主要是从微观层面

展开探讨，究其原因，如第 3 章所述，是由于影响商业银行风险承担的因素是纷繁复杂的，货币政策对商业银行风险承担的影响往往会随着商业银行自身特征的不同而表现出一定的差异性。事实上，从论证的逻辑性而言，应该先从宏观审慎的角度提取出反映货币政策和银行业总体资产质量或盈利能力的相关代理变量，找出货币政策对商业银行事后风险承担是否存在影响关系，再结合单个银行的微观特征进行更为精确、深入的实证检验。笔者广泛查阅我国现行能搜集到的关于银行风险结果方面的数据，认为信用风险一直是银行所面临的主要风险，采用银行业整体不良贷款率能衡量商业银行体系风险承担的结果，且该指标自 2004 年一季度起由银监会统计并公开。这一指标大致反映了我国银行业整体的资产质量和风险暴露，可以作为银行业整体事后风险承担的代理变量。

6.1.3.1 数据说明与描述性统计

梳理我国银行业整体不良贷款率，得到该指标的走势图，详见图 6-2。从图可见我国银行业整体不良贷款率的变化大体可以分为三个阶段：一是 2004—2008 年，不良贷款率呈现断崖式的下降趋势，从 2004 年一季度的 16.6% 下降至 2008 年三季度的 5.49%；二是 2008—2011 年，不良贷款率在短暂的急剧下降后呈现平稳下降态势，从 2008 年三季度的 5.49% 陡然下降至 2008 年四季度的 2.42%，再逐步下降至 2011 年三季度的 0.9%；三是 2011—2016 年，不良贷款率呈现递增趋势，从 2011 年三季度的 0.9% 逐步上升至 2016 年三季度的 1.76%。究其原因，第一阶段的显著降低，尤其是在 2004—2005 年间的悬崖式下降，主要是由于国务院自 2004 年 1 月宣布中行、建行实行股份制改造试点以来，工行、建行、中行、农行相继上市，银行股东数目增加，股权结构多样化，公司治理能力不断提高，从而大幅降低了风险承担，同时银监会成立以后也加强对银行风险的监管，降低了银行的风险承担水平，最终促成了商业银行不良贷款的“双降”。第二阶段伊始的陡然下降及随后的平稳下降，主要是因为我国自 2008 年第三季度以来，为了应对全球金融危机立即调转货币政策方向，推出了宽松的货币政策以及积极的财政政策。积极扩张的财政政策刺激了经济社会的有效需求，增加了市场主体对资金的需求，而宽松的货币政策又促使银行的可贷资金总量增加，进而信贷资产大幅上升，从而在计算不良贷款率的时候分母明显增大，最终使得分值变小的缘故。第三阶段的逐渐上升是由于在应对危机期间，市场流动性充裕，银行业风险承担增加，其大量投放的贷款在政策收紧时面临违约风险，从而导致不良贷款率上升。

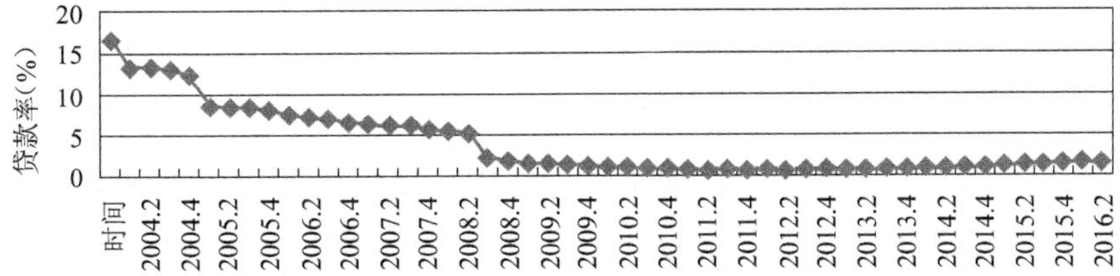

图 6-2　我国银行业整体不良贷款率走势图[①]

表 6-4 为银行事后风险与货币政策主要变量的描述性统计结果。*NPL* 代表我国银行业整体不良贷款率，*ASSET* 代表我国银行业的总资产同比增长率，均为季度数据。*RATE* 代表中国人民银行设定的一年期贷款基准利率，由于人民银行是根据经济形势审时度势不定期地调整货币政策立场和方向，故一年期贷款基准利率的数据是将季度内的贷款利率算术平均后得到的均值。M_2 为广义货币供应量季度末的同比增长率。上述数据均来源于 Wind 数据库，软件采用 Eviews 8.0，计量方法同样选用最小二乘法。

表 6-4　银行事后风险承担与货币政策主要变量的描述性统计

变量	观测值个数	均值	中位数	标准差	最小值	最大值
NPL	51	4.101 373	1.670 000	4.164 948	0.900 000	16.600 00
ASSET	51	17.757 45	17.300 00	3.568 570	12.070 00	27.700 00
RATE	51	5.812 549	5.800 000	0.748 748	4.350 000	7.470 000
M_2	51	16.435 49	15.700 00	4.148 304	11.500 00	29.310 00

6.1.3.2　回归结果与分析

考虑到银行贷款的发放与总资产之间有着密不可分的关系，笔者在做回归分析

① 数据来源：Wind 数据库；中国银行业监督管理委员会：http://www.cbrc.gov.cn/chinese/home。

时，将银行总资产的同比增长率一同纳入方程，同时选择作为价格型货币政策工具的基准利率和作为数量型货币政策工具的货币供给量 M_2 的同比增长率作为解释变量，以探寻货币政策是否对商业银行事后风险承担产生影响。考虑到不良贷款的显现具有滞后性，因此在模型构建中加入不良贷款率的滞后项。模型输入结果见表 6-5。其中，*Rate* 代表一年期贷款基准利率，M_2 代表货币供给量的同比增长率，检验结果中需关心的是上述两个解释变量系数的符号及其显著性。从表 6-5 中的回归方程可以大致看出货币政策对商业银行事后风险承担的影响关系。从方程 1、2 可看出，M_2 以及 M_2（−1）的系数均为正，表示中央银行增加货币供应量会导致我国银行业当期和下一期整体不良贷款率上升，这说明采用数量型货币政策工具实施的宽松货币政策确实会增加商业银行的事后风险承担。从方程 3 至方程 6 看出，*RATE*（−5）到 *RATE*（−8）的系数均为负，表示中央银行当期降低基准利率会导致我国银行业一年后的整体不良贷款率上升，这揭示了采用价格型货币政策工具实施的宽松货币政策也会增加商业银行的事后风险承担，且价格型货币政策工具影响的滞后期要比数量型货币政策工具的长。

特别要说明的是本节实证检验的目的旨在于论证我国货币政策影响银行业整体风险承担的情况，通过计量回归分析大致看出货币政策是否影响以及如何影响到商业银行风险承担的整个过程。特别要说明的是，这里需要关注的是系数的符号及其显著性而非系数值和可决系数值。方程可决系数 R^2 不高的原因在于商业银行的风险承担是一个复杂的行为过程，货币政策只是影响风险承担的其中一个因素。为了更精确地研究货币政策对银行风险承担的具体影响，笔者将基于样本商业银行各年度的微观面板数据，在下一节的实证分析中引入银行的特征变量，以期更为全面、详实地论证货币政策对商业银行风险承担行为和结果的影响。

表 6-5　货币政策对银行业事后风险承担影响的回归结果 ①

被解释变量	银行业整体不良贷款率 *NPL*					
解释变量	方程 1	方程 2	方程 3	方程 4	方程 5	方程 6
C	8.884 5*** （3.254 1）	6.745 6** （2.536 8）	9.755 7** （2.605 3）	10.398 8*** （2.870 5）	10.561 0*** （2.976 6）	10.344 0*** （3.027 6）

① *、**、*** 分别代表 10%、5% 和 1% 的水平下显著，括号内为 *t* 值。

续表

被解释变量	银行业整体不良贷款率 *NPL*					
解释变量	方程 1	方程 2	方程 3	方程 4	方程 5	方程 6
M_2	0.833 861（3.301 3）***	—	—	—	—	—
M_2（-1）	—	0.350 34*（1.899 8）	—	—	—	—
Rate（-5）	—	—	-1.724 7**（-2.515 4）	—	—	—
Rate（-6）	—	—	—	-1.862 9***（-2.941 5）	—	—
Rate（-7）	—	—	—	—	-1.764 3***（-2.997 9）	—
Rate（-8）	—	—	—	—	—	-1.652 0***（-3.031 2）
Asset	-1.041 1***（-3.545 9）	-0.488 9**（-2.314 2）	0.197 2（1.621 0）	0.201 7*（1.828 7）	0.154 6（1.517 6）	0.122 5（1.299 7）
R^2	0.210 7	0.104 1	0.134 7	0.182 3	0.189 3	0.196 3

6.2 微观视角下货币政策影响商业银行风险承担的实证检验

我国商业银行种类繁多，规模差距较大、流动性不一、资产质量不同、业务重点有别，这些因素都或多或少会影响到商业银行的风险承担。要厘清货币政策对银行风险承担的影响，从而针对性地制定差别监管标准以缓解货币政策在盯住政策目标时对商业银行风险承担造成的影响，就不能将我国商业银行整齐划一，而应该在模型中引入其他影响商业银行风险承担的因素。此外，宽松的货币政策和紧缩的货币政策对商业银行风险承担的影响是否相同，效果是否对称，也是我国在逆经济周期制定货币政策需要考虑的问题。为此，在样本区间的选择上，应尽量全面覆盖货币政策稳健、宽松、紧缩的时期；在样本数据的选择上，应尽可能涵盖我国国有大型商业银行、全国股份制商业银行、城市商业银行和农村商业银行等不同性质和规模的商业银行；在风险承担代理变量的选择上，应尽可能甄选反映银行事前风险承担意愿和识别度、事中风险容忍度和对事后风险承受度的指标；在货币政策代理变量的选择上，应兼顾价格型和数量型的政策工具；在控制变量的选择上，应考虑银行的异质性、市场竞争环境以及宏观经济状况的影响，这样才能精确有效地检验货币政策对商业银行风险承担的影响。

6.2.1 研究假设与变量的选择

6.2.1.1 研究假设与计量方法

根据前面的推导和论证可知，宽松（紧缩）的货币政策有可能引起银行风险承担意愿上升（下降），进而影响到银行风险承担。基于此，笔者提出假设一：我国货币政策对商业银行的风险承担存在显著影响，宽松的货币政策增加商业银行的风险承担，而紧缩的货币政策抑制商业银行的风险承担。此外，受到宽松和紧缩的货币政策对经济的影响效果并非对称的启发[①]，货币政策对商业银行风险承担的影响效果是否也存在不对称性？从研究的背景以及货币政策对银行风险承担作用机理看，宽松的货币政策似乎产生的影响更大。因此，为更好地厘清货币政策对银行风险承担的影响关系，提出假设二：货币政策对商业银行风险承担的影响也具有非对称性，宽松的货币政策对商业银行风险承担的影响效果要大于紧缩的货币政策对商业银行风险承担的影响效果。结合上述研究假设，本节拟从以下两个层面进行实证检验：第一层面是控制了商业银行微观特征以及外部环境等其他影响因素后，对货币政策是否显著影响银行的风险承担以及影响方向进行验证；第二层面是引入货币政策周期的虚拟变量，检验货币政策对商业银行风险承担影响是否存在非对称性。

考虑到银行风险承担行为在时间上具有持续性，当期的风险承担会受到上一期的影响。为更好地考察银行风险承担的动态滞后效应，在检验这一影响是否存在以及影响是否对称时，拟在模型中加入被解释变量的一阶滞后项，即采用动态面板模型去拟合数据。动态面板模型强调经济行为是动态变化的，个体行为具有连续性和

① 该结论已被诸多学者和文献所证明（赵进文等，2005；曹永琴等，2007；杨思，2009）。

惯性。动态面板模型的原理如下。

假设线性动态面板数据模型为

$$Y_{it}=\sum_{j=1}^{t}a_1Y_{it-j}+a_2X_{it}+a_3W_{it}+u_i+v_{it}$$

模型假设随机干扰项 v_{it} 不存在序列相关。模型中 Y_{it-j} 为内生变量，X_{it} 为外生变量，W_{it} 为先决变量。由于引入被解释变量的滞后项往往会造成内生性问题，为了解决模型中内生性问题，可以采用一阶差分广义矩估计方法（Difference GMM），其原理是将内生变量的滞后项或一阶差分的滞后项作为差分方程和水平方程中的工具变量。由于 GMM 允许随机误差项存在异方差和序列相关，从而降低估计量的偏误，更好地克服了双向因果关系引起的内生性问题，得到的参数估计量比其他参数估计方法更切合实际①。

6.2.1.2 货币政策代理变量的选择

货币政策代理变量虽因各国的国情不同而有所区别，但选取的基本原则是要符合一国货币政策调控制度特征，要具备可控性、可测性和相关性。由于欧美发达国家的利率已实现市场化，中央银行更多的是通过价格型货币政策工具调控经济，因此国外文献多以银行间市场利率作为货币政策的代理变量。根据 5.1 节所述，我国市场化利率改革直到 2015 年才基本完成，改革的效果还未完全显现，利率传导机制还不够顺畅，央行在货币政策的调控上往往综合运用了数量型工具和价格型工具。为了较为全面地检验货币政策对银行风险承担的影响，需区分数量型和价格型货币政策对风险承担产生的影响。鉴于此，货币政策代理变量的选择要兼顾数量型和价格型两类政策的变量指标。

在我国货币政策操作实践中，因为国债的发行周期、数量和期限与西方国家不同，央行票据又具有先天的缺陷，有退出历史舞台的迹象，SLO 使用的时间又太短，因此公开市场操作的影响也难以直接通过价格机制传导到资金市场，不能很好地作为货币政策的代理变量。近年来，我国采用较为频繁、对经济主体影响较大的货币政策工具主要是法定存款准备金率和存贷款基准利率，并以此影响社会资金的供求。在国外被认为是猛烈货币政策工具的法定存款准备金率，在 2003 年至 2016

① 张宗益, 刘胤. 资本约束、风险承担与银行信贷扩张 [J]. 金融论坛,2012(8):13-19.

年间，共调整了45次，且在2010年和2011年间，中国人民银行对存款准备金率调整了13次之多；在此期间，存款基准利率也调整了25次，且仅在2007年和2008年间便调整了10次。因此笔者拟采用法定存款准备金率作为数量型货币政策的代理变量，一年期存款基准利率作为价格型货币政策的代理变量。法定存款准备金率直接影响商业银行的可贷资金数量，一年期存款基准利率能影响商业银行的贷款定价和资产组合，因此这两个指标在某种程度上都会影响到商业银行的风险承担。

此外，考虑到目前我国主要采用货币供给量作为货币政策的中介目标，无论是货币当局还是金融机构抑或是其他社会经济主体等都密切关注货币供给量的变动，借此判断货币政策立场、资金余缺状况、市场活跃程度等，因此笔者也将采用货币供给量作为货币政策的代理变量。普遍观点认为在货币供给量划分的三个层次中，M_0仅代表流通中的现金，而随着支付方式的多元化、数字化，这一指标的参考价值大大降低；M_1反映经济中的现实购买力，若M_1增速较快，则消费和终端产品市场活跃；M_2不仅反映现实的购买力，还反映潜在的购买力，若M_2增速较快，则资金市场和中间产品市场活跃。相比于M_1，M_2更切合拟研究的主题，因此笔者仍选取M_2的增速作为货币政策的代理变量，以期更全面地反映货币政策的松紧及其对银行风险承担的影响。

6.2.1.3 商业银行风险承担代理变量的选择

如前所述，商业银行风险承担的代理变量主要有市场收益的波动率、预期违约概率、不良贷款率、风险加权资产占比、破产风险等。考虑到商业银行的风险承担按其产生和发展的过程分为事前、事中和事后风险承担三类，因此在代理变量的选择上也应体现这三方面的风险承担。然而，由于能反映某一家银行事前风险承担的代理变量，诸如信贷标准、风险评估、资产定价等信息和数据无从获取，加之银行的违约数据缺失，违约距离与违约概率之间的对应关系尚未建立，且多数银行并未上市（截至2016年底A股上市银行仅24家），即使是上市银行，其股票价格也不能灵敏地反映资产市场价值的变化。因此，具有前瞻性的风险度量指标预期违约概率EDF也无法有效得到。鉴于此，笔者只能选择反映单家银行事中风险承担和事后风险承担的代理变量。为弥补因事前风险承担代理变量缺失造成的缺憾，也为增加实证检验结果的稳健性，笔者拟同时采用衡量商业银行综合风险承担的代理变量进行回归分析。

在银行事中风险承担的代理变量上，可以选择风险加权资产占比，即将银行的资产按照其风险大小设置了不同的风险系数，以各种风险资产数额乘以风险系数再加总所得之数得出风险加权资产数，再计算其与资产总额的比值。该指标越大说明银行在进行投资活动中越偏好高风险资产，投资行为越激进，风险承担越大。在银行事后风险承担的代理变量上，可以选择不良贷款率（Non-Performing Loan, NPL）。虽然该指标反映的是银行风险承担行为导致其面临的信用风险，但我国银行的传统主营业务仍然是信贷业务，信用风险仍是我国银行面临的主要风险，而且长期以来这一指标都受到我国监管机构和银行自身的重视，数据的连续性能得到保障。因此，采用不良贷款率能大体反映出商业银行的主要风险承担尤其是事后的风险承担。不良贷款率越大说明银行越过度承担风险进而导致其面临的信用风险越大。在综合风险承担代理变量的选择上，从理论上说，市场收益的波动率和破产风险是全面衡量银行风险承担全过程和综合风险的最佳指标。然而，由于我国银行的股份制改革起步晚，上市时间不长，上市银行数量少（截至 2016 年底，A 股上市的 24 家银行中有 8 家均在 2016 年 8 月以后才上市），其他非上市银行的股票价格更是无法获取，导致该指标无法计算。权衡之下，笔者拟采用衡量破产风险的 Z 值作为商业银行综合风险承担行为及结果的代理变量。为了使结果更为直观，即 Z 值的值越大表明银行破产风险越大，考虑采用 Z 值原始公式的倒数，将每家银行的 Z 值定义为

$$Z_{it} = \sigma_i(ROA_{it}) / (ROA_{it} + K_{it} / A_{it})$$

其中，i 表示第 i 家银行，t 表示第 t 年，ROA_{it} 表示第 i 家银行第 t 年的资产收益率，$\sigma_i(ROA_{it})$ 代表资产收益率的标准差，K_{it} 代表第 i 家银行第 t 年的权益资本，A_{it} 代表第 i 家银行第 t 年的资产总额。

6.2.1.4 控制变量的选择

商业银行的风险承担是一个复杂的行为过程，受到诸多因素的影响。为了更好有效地识别货币政策的影响，还必须控制其他影响银行风险承担意愿和行为的重要

因素，诸如宏观经济形势、市场结构状况以及银行异质性特征等。在银行异质性特征方面，主要选择存贷比（Loan-to-Deposit，LTD）率指标，即贷款与存款之比，代表银行的流动性；选择总资产的对数指标（Total Assets Size）代表银行的规模状况；选择资本充足率指标（Capital Adequacy Ratio，CAR）代表银行的杠杆情况和损失吸收能力；选择资产收益率指标（Return On Assets，ROA）代表银行的盈利水平。在宏观经济形势方面，由于经济运行状况和通货膨胀率都会影响商业银行风险承担，故笔者选取剔除了通胀因素后国内生产总值（GDP）的增长率，即 GDP 的实际增长率，作为宏观经济形势的代理变量。在市场集中度和市场结构方面，选择表示银行资产市场集中度的 CR_5 指标作为市场竞争结构方面的代理变量。之所以选择 CR_5 而非多数学者常用的 CR_4 来反映市场集中度，主要是因为中国人民银行行长周小川（2011）明确指出以交行为界的五大国有银行可先归入宏观审慎监管要求的系统重要性银行[①]。与此同时，银监会在 2011 年向商业银行下发的《关于国内系统重要性银行划分标准（征求意见稿）》中提出拟将根据规模、关联度、复杂性和不可替代性四个维度的指标得分对银行分组，并指出工农中建交五大行可能被分为第一组，适用 1% 的附加资本的监管指标。

此外，为研究货币政策对商业银行风险承担的影响是否具有非对称性，须识别货币政策的周期。笔者借鉴徐明东等（2012）的做法，引入 DUM 代表货币政策松紧立场的虚拟变量。采用 HP 滤波方法，剥离出货币政策中介目标 M_2 增速的趋势，求出其周期波动值。然后再依据 M_2 增速的周期波动值判断货币政策立场。当结果大于 0 时定义为扩张型的货币政策，此时 *DUM* 取值为 1；当结果小于 0 时定义为紧缩型的货币政策，此时 *DUM* 取值为 0。表 6-6 列出了上述研究变量的名称及其定义。

① 笔者也采用 CR_4 指标进行了稳健性检验，其结果没有实质性变化。

表 6-6 研究变量的选择及其定义

研究变量	变量名	变量	变量定义
被解释变量	Z 值	Z	$Z_{it}=\sigma_i(ROA_{it})/(ROA_{it}+K_{it}/A_{it})$
	风险资产加权比	RW	银行风险加权资产占总资产的比重
	不良贷款率	NPL	（次级类贷款 + 可疑类贷款 + 损失类贷款）/ 各项贷款总额
解释变量	法定存款准备金率	DRR	中央银行要求的存款准备金占其存款总额的比例
	存款基准利率	$RATE$	央行一年期存款基准利率
	基础货币增速	M_2	历年基础货币增速
	货币政策虚拟变量	DUM	DUM=1 时代表扩张型货币政策；DUM=0 时代表紧缩型货币政策
银行特征变量	资本充足率	CAR	资本总额与风险加权资产的比重
	资本利润率	ROA	银行净利润与平均资产总额
	存贷比率	LTD	银行人民币的贷款总额与存款总额之比
	银行规模	$SIZE$	银行年末总资产的对数
市场结构	市场集中度	CR_5	行业排名前五名银行的资产规模份额
宏观经济	实际 GDP 增长率	GDP	剔除通货膨胀后的 GDP 年增长率

6.2.2 实证模型的构建与数据描述

6.2.2.1 实证模型的构建

基于研究目的和上述两个研究假设及研究变量的选择，在借鉴前人检验的基础上，构建如下两个层次的动态面板模型：

$$RISK_{it}=\alpha_1 RISK_{i,t-1}+\alpha_2 MP_t+\alpha_3 CAR_{it}+\alpha_4 ROA_{it}+\alpha_5 LTD_{it}+\alpha_6 SIZE_{it}+\alpha_7 GDP_t+\alpha_8 CR5_t+\varepsilon_{it} \tag{6-1}$$

$$RISK_{it}=\alpha_1 RISK_{i,t-1}+\alpha_2 MP_t+\alpha_3 CAR_{it}+\alpha_4 ROA_{it}+\alpha_5 LTD_{it}+\alpha_6 SIZE_{it}+\alpha_7 GDP_t+\alpha_8 CR_{5t}+\alpha_9 DUM_t+\alpha_{10} MP_t\times DUM_t+\varepsilon_{it} \tag{6-2}$$

模型（6-1）主要检验货币政策是否显著影响银行的风险承担以及影响方向。若结果显著，则在模型（6-1）的基础上再增加货币政策周期的哑变量和交互项，构建模型（6-2），旨在检验宽松和紧缩的货币政策对商业银行风险承担影响是否对称。

其中，i 代表第 i 家银行，t 代表第 t 年，方程中的被解释变量 $Risk_{it}$ $RISK_{it}$ 为银行风险承担变量，MP_t 为主要解释变量，即货币政策代理变量，$RISK_{i,t-1}$ 是被解释变量的滞后一期值，其余变量为控制变量，包括表示银行异质性的资本充足率、资产收益率、存贷比和资产规模，以及表示宏观经济运行情况的实际 GDP 增长率和表示银行业市场竞争度和市场结构的 CR_{5t}。在模型（6-1）中更值得关注的是参数 α_2 的符号及其显著性而非参数的数值。当货币政策代理变量为利率和法定存款准备金率时，α_2 的符号显著为负；当货币政策代理变量为 M_2 时，α_2 的符号显著为正，则说明在控制了其他影响商业银行风险承担的因素后，宽松（紧缩）的货币政策确实提升（降低）了商业银行的风险承担。模型（6-2）中，引入了代表货币政策松紧立场的虚拟变量 DUM_t 来识别货币政策的周期，同时引入货币政策立场与货币政策代理变量的交互项来检验货币政策对银行风险承担的影响是否对称。此外，交互项 $MP_t \times DUM_t$ 的系数 α_{10} 的符号及其显著性也是需要重点关注。当货币政策代理变量为利率和法定存款准备金率时，α_{10} 的符号显著为负；当货币政策代理变量为 M_2 时，α_{10} 的符号显著为正，则说明货币政策对商业银行风险承担的影响具有非对称性，扩张的货币政策比紧缩货币政策的影响作用大。

6.2.2.2 数据说明与主要变量描述性统计

在第一章中笔者指出了货币政策在 2003 年至 2016 年间经历了稳健、紧缩和宽松的完整周期，但由于本章将对基于各类银行的微观面板数据进行分析，因此在考虑货币政策区间的基础上还要考虑银行业数据的连续性和可得性。我国自 2004 年 3 月 1 日起实施了《商业银行资本充足率管理办法》，资本充足的监管无疑对商业银行的风险承担产生了重要的影响，加之我国商业银行的股份制改革也始于 2004 年，内部治理机制也对商业银行的风险承担产生了重要的影响，因此本章基于 2004 年以后的数据进行研究。为保证系数估计的准确性，结合样本数据的可获取性，本章的实证基于 2004 年至 2015 年间 119 家银行的微观面板数据进行实证检验。这 119 家商业银行既囊括了工、农、中、建、交这五大国有银行，也包括十余家全国性股份制银行，还包括众多城市商业银行和农村商业银行。数据来源包括 Bankscope 数据库、Wind 数据库、各商业银行历年年报、中国人民银行调查统计司官网、中国银监会网站。

表 6-7 为样本主要变量的描述性统计分析。在样本银行的风险承担代理变量中，ZSCORE 由于直接采用公式计算有可能会产生负值，从而失去经济含义，因此应计算结果为负的 ZSCORE 作为异常值去除。从表 6-7 可见，ZSCORE 最大值为 0.751 66（光大银行 2005 年），最小值为 0.001 07（浙江温岭农村商业银行 2013 年）；RW 的最大值为 66.406 8（江苏紫金农村商业银行 2013 年），最小值为（北京农村商业银行 2013 年）；NPL 的最大值为 38.22（广州银行 2010 年），最小值为 0.004（渤海银行 2007 年）。一年期存款基准利率 RATE 和法定存款准备金率 DRR 为一年内的算术平均值。由于我国自 2008 年 9 月针对大型和中小型金融机构实行差别准备金率，考虑到我国大型金融机构在整个银行业中的份额，因此法定存款准备金率采用大型金融机构的准备金率计算求得。CR5 为工行、农行、中行、建行和交行五家准系统重要性银行的资产总额占整个银行业资产总额之比。该值在 2005 年达到最大，为 58.651 1，在 2015 年降到最低，为 41.296 0。其余变量的详细信息参见表 6-7。

表 6-7　主要变量的描述性统计

变量	样本数量	平均值	标准差	最小值	最大值
Z	1096	0.045 55	0.039 9	0.001 07	0.751 66
RW	723	0.784 05	3.410 14	0.054 61	66.406 8
NPL	905	2.131 65	3.213 26	0.004	38.22
$RATE$	1112	2.840 23	0.428 89	2	3.47
DRR	1112	16.662 1	4.410 21	7.5	20.36
M_2	1111	16.446 7	3.885 38	12.32	26.5
$SIZE$	1097	11.709 0	1.787 57	5.239 63	19.583 2
CAR	910	12.299 7	4.158 68	−1.47	62.62
ROA	995	1.080 4	0.460 40	−0.43	3
LTD	1096	1.006 53	11.014 3	0.129 39	365.210 5
GDP	1112	5.848 29	2.188 72	3.1	10.1
CR_5	1112	49.749 5	5.360 15	41.296 0	58.651 1

6.2.3 检验过程与计量结果

6.2.3.1 货币政策对银行风险承担影响存在性的检验

鉴于商业银行的风险承担具有惯性和滞后效应，因此应采用动态面板模型，即解释变量中包含被解释变量的滞后期。考虑到模型可能存在内生性问题，若采用传统的随机效应和固定效应去估计参数会导致参数估计不准确。因此，拟采用一阶差分 GMM 估计法进行模型估计，计量软件采用 Stata 13.0①。对式（6-1）进行回归的结果如表 6-8 所示，括号内均为 *Z* 值，*、**、*** 分别代表 10%、5% 和 1% 的显著性水平，*C* 为常数项。列（1）至（3）表示当商业银行风险承担变量为风险加权资产占比 *RW* 时，货币政策变量 *MP* 分别选择一年期存款基准利率（*RATE*）、法定存款准备金率（*DRR*）以及货币供给量 M_2 的同比增长率时的回归结果。同理，列（4）至（6）表示当商业银行风险承担变量为不良贷款率 NPL 时的回归结果。列（7）至（9）表示当银行风险承担变量为破产风险（*Z*）时的回归结果。总体而言，在 1% 的显著性水平上，Sargan 检验的结果均不能拒绝原假设，说明工具变量的设定是合理的，*AR*（2）的值显示随机干扰项并不存在二阶序列相关，因此模型设定是合理的。

从计量回归的结果看，当货币政策变量选取 *RATE* 和 *DRR* 时，不论风险承担变量是采用 *RW*、*NPL* 还是 *Z*，其符号在 1% 的显著性水平下为负；当货币政策变量选取 M_2，风险承担变量选择 *RW* 时，其符号显著为正（1% 的显著性水平，以下同理），风险承担变量选择 *RW* 时，其符号在 10% 的显著性水平下为正。这表明总体而言，在控制了其他影响因素后，不论是作为价格型货币政策工具的一年期存款基准利率，还是作为数量型货币政策工具的法定存款准备金率，均与商业银行的风险承担呈反向变动关系。而作为目前我国货币政策中介目标的广义货币供给量 M_2，其增速的上升也会促使银行风险承担的上升。换言之，宽松的货币政策激励了商业银行的风险承担行为，导致银行的风险加权资产占比、不良贷款率以及破产风险增加。反之，紧缩的货币政策下，作为货币政策工具的利率或法定存款准备金率上升，以及作为中介目标的 M_2 增速下降则会降低商业银行的风险承担。需要说明的

① 相较于 Eviews，Stata 软件在动态面板的 GMM 检验上更具优势，因此在本节中的检验均采用 Stata 软件。

是，当被解释变量为破产风险 Z 值时，除了该变量的滞后一期值之外，所有变量的系数都很小，说明货币政策的变动对商业银行面临的破产风险影响极低。这恰巧反映出我国长期以来实行政府担保的隐性完全存款保险制度，缺少市场主导的银行破产退出机制，在现行制度下用破产风险指标衡量商业银行风险承担的意义不大。

从商业银行异质性变量指标的回归结果看，可以得出如下结论。第一，所有结果中银行资本充足率的系数均显著为负，表明资本充足率高的银行，其风险承担较低，这正好揭示了我国监管当局对银行实行对资本充足监管的重要性和必要性。第二，除列（9）之外，所有结果均显示银行的资产收益率与风险承担之间呈反向变动关系，即银行的盈利能力越强，其风险承担越小。根据第 3 章的论述，笔者认为这一结果揭示了我国商业银行实行股份制改革以来的十余年间，随着银行内部治理机制的建立，其整体经营管理水平在提升，盈利性具有可持续性。第三，除列（8）外，所有结果均显示银行的存贷比系数显著为负，说明商业银行贷款余额与存款余额比例越大，其风险承担越小。这似乎得出商业银行的流动性越低，风险承担反而越小的结论，与一般公认的流动性越强风险承担越小的结论相反。究其原因，可能是带有行政管制意义的存贷比指标（即法律规定商业银行不得逾越 75% 的存贷比监管红线），并不能真实地反映商业银行自发形成的流动性或者说反映商业银行真实风险承担的流动性。从第 3 章的影响因素分析中可以得知，商业银行要保证监管要求的流动性就必须持有更多的现金或准现金等无风险资产，这实质上增加了银行的资金持有成本（包括机会成本和储存成本）。银行为达到既定的利润率，必然会提高资金投放的收益率，增加高风险资产占比，进而增加风险承担。因此，我国在 2015 年取消存贷比 75% 的限制，将其由法定监管指标弱化为流动性监测指标，在当前市场化的背景下是合理的。第四，资产规模对风险承担的影响随变量选择的不同而不尽相同，当风险承担变量选择 RW 和 NPL 时，结果显示银行的资产规模与风险承担是反向变动的，且除列（5）外，均在 1% 水平下显著。但当风险承担变量选择 Z 值时，其符号却为正，这一方面说明计量结果并不稳健，另一方面也恰好解释了为何学者在这两个因素对银行风险承担的影响关系上至今仍存在着争议。第五，从宏观经济状况和市场竞争环境看，两变量在不同的模型中的系数符号也不尽相同，说明计量结果并不稳健，因此不能明确地甄别二者与风险承担的关系。货币政策对商业银行风险承担影响的存在性检验如表 6-8 所示。

表 6-8 货币政策对商业银行风险承担影响的存在性检验

	被解释变量为 *RW*			被解释变量为 *NPL*			被解释变量为 *Z*		
	(1) *RATE*	(2) *DRR*	(3) M_2	(4) *RATE*	(5) *DRR*	(6) M_2	(7) *RATE*	(8) *DRR*	(9) M_2
$RISK_{i,t-1}$	0.005 4*** (7.56)	0.005 5*** (4.58)	0.003 3* (1.82)	0.294 2*** (832.43)	0.282 2*** (1408.69)	0.301 8*** (137.49)	0.543 1*** (713.64)	0.541 0*** (758.40)	0.541 4*** (700.90)
MP_t	−0.502 5*** (−72.61)	−0.056*** (−37.23)	0.034*** (22.82)	−0.454 8*** (−51.25)	−0.123*** (−77.18)	−0.025*** (−18.00)	−0.001*** (−10.54)	−0.000 3*** (−14.32)	0.000 02* (1.64)
CAR_{it}	−0.022*** (−23.78)	−0.016*** (−19.46)	−0.036*** (−29.94)	−0.143*** (−62.38)	−0.121*** (−94.53)	−0.142*** (−126.27)	−0.003*** (−180.56)	−0.002 8*** (−337.82)	−0.002 9*** (−282.49)
ROA_{it}	−0.122*** (−5.44)	−0.417*** (−38.05)	−0.629*** (−22.68)	−0.371*** (−28.86)	−0.297*** (−22.71)	−0.582** (−43.48)	−0.001 2*** (−6.44)	−0.001 1*** (−5.09)	0.002 3*** (−12.87)
LTD_{it}	−1.767*** (−33.05)	−1.755*** (−39.76)	−1.782*** (−32.75)	−1.721*** (−25.28)	−1.452*** (−15.84)	−1.590** (−24.47)	−0.002*** (−2.89)	−0.000 9 (−1.40)	−0.002 7*** (−4.57)
$SIZE_{it}$	−1.114*** (−51.30)	−0.661*** (−35.97)	−1.091*** (−24.27)	−0.604*** (−16.89)	−0.010 (−0.33)	−0.549*** (−20.56)	0.006*** (21.78)	0.009 4*** (56.03)	0.007 1*** (26.02)
GDP_t	−0.018*** (−15.24)	−0.030*** (−45.84)	−0.056*** (−18.48)	0.023*** (12.78)	−0.011*** (−8.08)	0.067*** (32.71)	−0.000 3 (−19.05)	−0.000 4*** (−46.22)	−0.000 3*** (−14.77)
$CR5_t$	−0.129*** (−56.01)	−0.125*** (−53.09)	−0.167*** (−27.81)	−0.026*** (−6.35)	−0.014*** (−5.53)	−0.036*** (−12.36)	0.001*** (33.48)	0.001 3*** (75.51)	0.001 1*** (30.35)
C	23.790*** (58.66)	17.837*** (46.91)	24.216*** (27.64)	14.12*** (23.23)	6.848*** (13.04)	12.86*** (27.89)	−0.068*** (−13.05)	−0.110 5** (−43.53)	−0.078 3*** (−16.87)
观测值	440	440	440	560	560	560	663	663	663
AR(2)(*P* 值)	0.631 4	0.592 6	0.487 2	0.737 0	0.577 0	0.535 8	0.293 8	0.299 3	0.293 8
Sargan(*P* 值)	0.976 1	0.987 8	0.997 7	0.949 5	0.959 9	0.943 6	0.801 9	0.849 6	0.818 5

6.2.3.2 货币政策对银行风险承担影响的非对称性检验

货币政策对银行风险承担影响的非对称性是指影响效果的非对称性，即宽松的货币政策和紧缩的货币政策对商业银行风险承担的影响效果并不对称，作用大小并不相同。

这里仍采用动态面板的一阶差分广义矩估计法对式（6-2）进行回归，计量软件采用 Stata 13.0。表 6-9 列出了对式（6-2）回归后的检验结果。由于表 6-9 中控制变量的结果与表 6-8 中差异较小，受限于篇幅和表格的完整性，表 6-9 仅列出货币政策变量与其立场的交互项以及部分解释变量。同样，括号内为 *Z* 值，*、**、*** 分别代表 10%、5% 和 1% 的显著性水平。

通过观察回归结果中 $MP_t \times DUM_t$ 的系数 α_{10} 之符号，即可看出货币政策的松紧对银行风险承担影响的不对称性。根据前面的研究假设可知，若货币政策变量为 *RATE* 与 *DRR* 时，该变量系数为负；若货币政策变量为 M_2 时，该变量系数为正，则说明扩张型货币政策对银行风险承担的影响比紧缩型货币政策对银行风险承担的影响更大，反之则反是。根据表 6-9 的回归结果，货币政策代理变量与周期的交互项均显著，且列（2）（3）（4）（5）（9）中 $MP_t \times DUM_t$ 变量的系数 α_{10} 之符号均符合研究假设和预期。这说明总体而言，实证结果支持了假设二，即扩张性货币政策对银行风险承担的激励影响要强于紧缩性货币政策的制约影响。换言之，长期宽松的货币政策显著提升了商业银行的风险承担，而紧缩的货币政策却不能迅速、同幅度地降低商业银行的风险承担。

表 6-9　货币政策对商业银行风险承担影响的非对称性检验

	被解释变量为 *RW*			被解释变量为 *NPL*			被解释变量为 *Z*		
	（1）*RATE*	（2）*DRR*	（3）M_2	（4）*RATE*	（5）*DRR*	（6）M_2	（7）*RATE*	（8）*DRR*	（9）M_2
$RISK_{i,t-1}$	0.006 1***	0.008 1***	0.003 3	0.290 5***	0.283 6***	0.301 9***	0.537 0***	0.536 0***	0.533 4***
	（5.06）	（5.84）	（1.60）	（899.96）	（1006.16）	（121.71）	（433.03）	（425.42）	（329.16）
MP_t	−0.476 2***	−0.101 1***	−0.124 0***	−0.473 1***	−0.137 4***	−0.034 4***	−0.000 3***	−0.000 7***	−0.001 9***
	（−26.21）	（−20.40）	（−25.47）	（−29.29）	（−44.81）	（−23.37）	（−6.11）	（−26.08）	（−35.71）
CAR_{it}	−0.033 1***	−0.029 2***	−0.041 5***	−0.133 6***	−0.127 8***	−0.140 1***	−0.003 0***	−0.002 9***	−0.003 0***
	（−21.37）	（−27.31）	（−16.70）	（−79.21）	（−68.41）	（−69.78）	（−195.16）	（−179.48）	（−133.99）
DUM_t	−1.784 5***	1.644 7***	−3.078 7***	0.955 2***	0.531 7***	1.762 6**	−0.004 2***	−0.015 1***	−0.052 1***
	（−28.47）	（21.87）	（−23.38）	（11.89）	（5.92）	（32.01）	（−7.13）	（−15.39）	（−27.48）
$MP_t \times DUM_t$	0.724 1***	−0.800 3***	1.552 7***	−0.420 5***	−0.102 1***	−0.565 1***	0.002 1***	0.006 6***	0.023 9***
	（29.06）	（−24.43）	（25.26）	（−13.52）	（−2.81）	（−22.85）	（9.28）	（17.52）	（28.85）
观测值	440	440	440	560	560	560	663	663	663

续表

	被解释变量为 *RW*			被解释变量为 *NPL*			被解释变量为 *Z*		
	（1）*RATE*	（2）*DRR*	（3）M_2	（4）*RATE*	（5）*DRR*	（6）M_2	（7）*RATE*	（8）*DRR*	（9）M_2
AR（2）（*P* 值）	0.979 9	0.842 8	0.464 7	0.699 0	0.659 4	0.707 4	0.292 5	0.302 6	0.284 5
Sargan（*P* 值）	0.989 2	0.994 3	0.998 1	0.961 7	0.959 9	0.950 3	0.879 9	0.884 2	0.803 4

7　结论及政策建议

通过前文的论述，笔者从理论上剖析并从实证上验证了货币政策对商业银行风险承担存在着非对称的负向影响关系，即宽松（紧缩）的货币政策会降低（提高）商业银行的风险容忍度和识别度，进而提高（降低）风险承担的意愿和行为，最终导致风险的增加（减少）。与此同时，相较于紧缩的货币政策，宽松的货币政策对商业银行风险承担的影响更明显。本章将在此基础上指出这一影响关系的存在给理论界和实务界带来的启示：一是拓展并丰富了传统的货币政策信贷传导渠道；二是揭示了货币政策在锚定传统经济政策目标的情形下，可能会出现忽视金融稳定的现象。同时，针对这一现象提出相应的政策建议与举措：我国在实施货币政策过程中要注意与宏微观审慎监管政策的耦合协同，同时要完善货币政策的目标体系、调动商业银行风险管理的主动性以及优化现行监管机构之间的沟通协调机制、完善相关配套制度和措施，从而消弭这一影响给金融和经济带来的风险隐患。

7.1　结论与启示

7.1.1　货币政策对商业银行风险承担存在非对称的负向影响

肇始于美国的次贷危机用鲜活的案例警示着学术界和实务界：长期宽松的货币政策环境犹如一张风险孕育的温床，促使银行等金融机构普遍提高其风险承担意愿，增加风险承担行为，最终造成系统性风险暴露并催生金融危机。笔者在充分结合我国实际情况的基础上，分别运用了数理模型推导、作用机理剖析、博弈论方法和实证检验，客观充分地论证了我国货币政策对商业银行风险承担意愿、行为和后果的影响。研究表明，长期宽松的货币政策会提升商业银行风险承担，这一结论在我国依然成立。无论采用数量型货币政策工具还是价格型货币政策工具，宽松的货币政策在客观上增加货币供给量和银行体系可贷资金的同时，容易在主观上增大商业银行风险承担意愿，助长商业银行风险承担行为并最终导致银行体系资产质量的降低和风险的显现。同时，这一影响效果并不对称，宽松货币政策对商业银行风险承担产生的激励作用大于紧缩货币政策对商业银行风险承担产生的约束作用。具体而言，宽松的货币政策通过以下途径刺激了商业银行的风险承担：一是预期效应（即货币政策的立场即货币政策是宽松抑或紧缩，往往会影响到商业银行和借款人对未来经济形势的预期，而这一预期又会影响到银行当前的风险承担意愿和行为）；二是信贷评估效应（即货币政策会影响市场利率的变动，进而通过现行信贷审核和评估机制影响商业银行对借款人资产和抵押品的价值、收入以及未来现金流现值的判断和估值，从而改变银行对信贷资金风险的识别和衡量，最终影响银行的风险承担）；三是竞争效应（即货币政策的松紧会通过影响商业银行准备金和存款的变动改变其资金规模和成本，在银行产品和业务同质化以及薪酬激励短期性特征的作用下，行业内部竞争将更加激烈，此时，银行管理层和员工为获得自身利益最大化，会主动改变自身的风险承担意愿和行为）；四是资金成本黏性效应（即货币政策的变化引起市场无风险利率和风险利率不同幅度的变动，进而导致商业银行在资金成本黏性的情况下为追求最大化利润而相应调整风险承担）；五是保险效应（即银行业普遍具有的高杠杆率、高风险性以及内在脆弱性等特点，使其在受到严格监管的同时也获得了政府的隐性担保，因此，当宽松的货币政策释放出积极信号时，银行会在有限责任和政府安全网的庇佑下为追求自身利润最大化铤而走险，主动增加风险承担）。

7.1.2 货币政策的信贷传导渠道须被重新审视

根据货币与其他资产的不同替代性，可以将货币政策传导渠道分为货币渠道和信贷渠道两类。货币渠道观点建立在完全信息的金融市场假设前提下，认为中央银行通过调节基础货币供给量，影响市场利率、汇率以及股票资产的相对价格，从而影响投资、消费和进出口水平，最终影响经济社会的总产出。货币渠道又可细分为利率渠道、汇率渠道、托宾 q 渠道和财富效应渠道，后三者也被称作其他资产价格渠道。信贷渠道观点强调银行信贷在信息不对称金融市场中的重要作用，考虑信贷资产的不可替代性，认为中央银行运用诸如法定存款准备金率、再贴现和再贷款率、公开市场操作等货币政策工具，影响商业银行的可贷资金供给量，继而改变可贷资金的价格，进而影响投资和消费水平，最终影响社会总产出。一般而言，利率渠道和信贷渠道是最重要的货币政策传导渠道[①]。利率渠道是所有货币政策传导渠道的基石，其核心思想是货币政策会改变实际利率，进而引导企业投资的改变并通过乘数效应作用于总产出，最终带来总产出的多倍变化。具体而言，宽松货币政策使货币供给量增加，继而市场实际利率降低，进而社会投资增加，最终引起总产出的多倍增加，如图 7-1 所示。

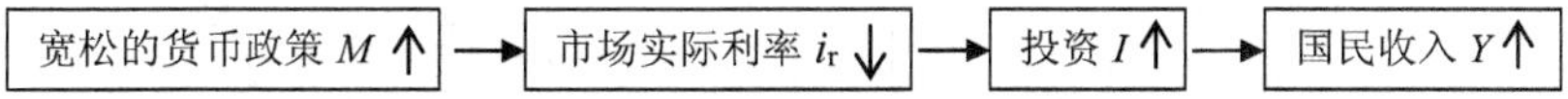

图 7-1 简化的利率传导渠道传导机理图

由于银行贷款一直在社会融资规模中占据半壁江山，近两年来还有不降反升的趋势，因此，信贷渠道目前仍是我国货币政策传导的重要渠道。信贷渠道又被细分为基于银行视角的传统银行信贷渠道（狭义信贷渠道）和基于企业和家庭视角的资产负债表渠道（广义信贷渠道）。前者指货币政策通过影响银行的准备金和存款，改变银行可供借贷的资金数量，从而影响社会的消费和投资，最后作用于总产出；后者指货币政策通过影响企业和家庭资产负债表状况，改变其违约的风险概率，从而影响银行信贷资金供给，进而改变企业和家庭的投资与消费，最终作用于社会总产出。考虑到我国家庭居民购买住房和耐用消费品（尤其是住房）很大程度上依赖于银行的信贷资金，因此笔者也将其囊括进银行的信贷渠道中。以宽松的货币政策为例，狭义和广义的信贷渠道分别如图 7-2、图 7-3 所示。

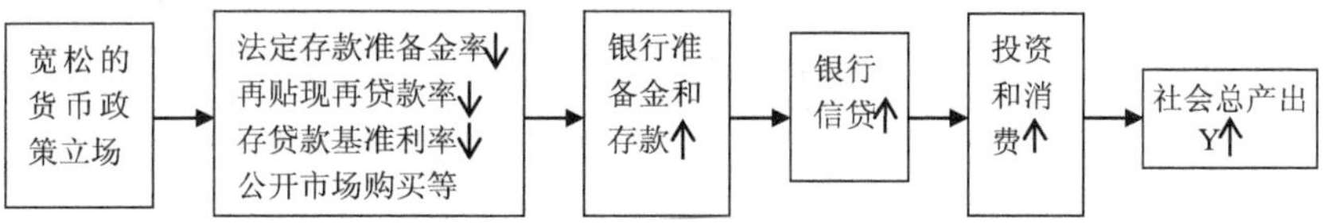

图 7-2 传统的狭义信贷渠道传导机理图

① 弗雷德里克·S. 米什金. 货币金融学（第九版）[M]. 北京: 中国人民大学出版社,2011:561-569.

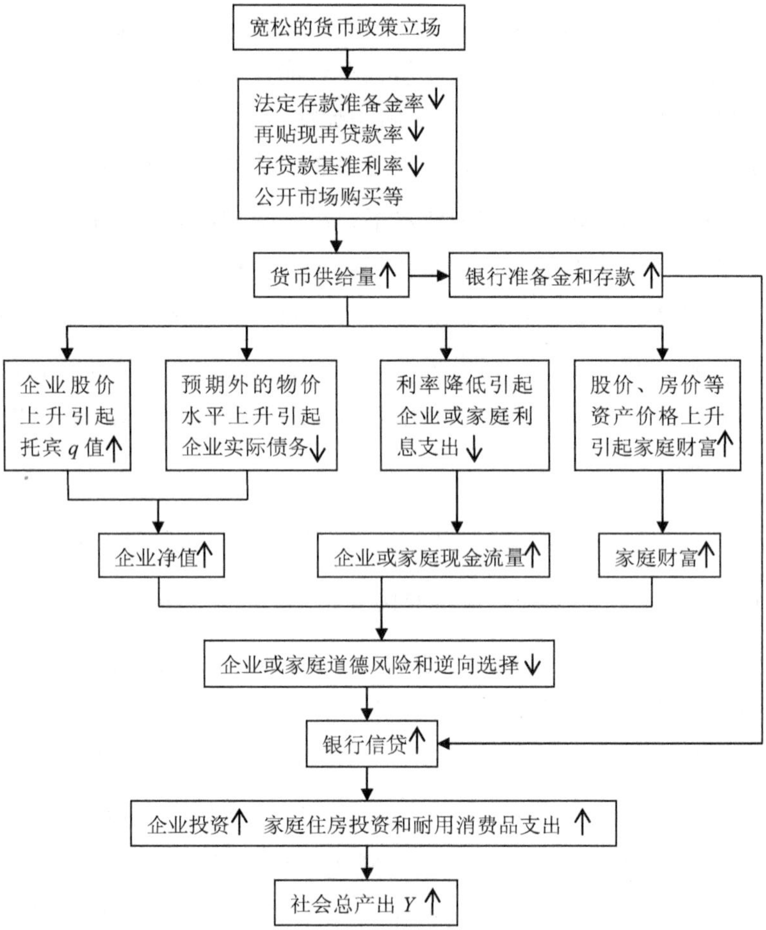

图 7-3 传统的广义信贷渠道传导机理图

由图 7-3 可知，狭义的信贷渠道不考虑经济行为主体的主观能动性和风险预见性，认为只要中央银行通过一定的货币政策工具增加（减少）货币供给量，从而使银行的准备金和存款增加（减少）后，商业银行就会自动增加（减少）信贷资金，企业和家庭也会配合地增加（减少）投资和消费支出，最终引起社会总产出的变化。广义信贷渠道在狭义信贷渠道的基础上考虑了货币供给量改变后对企业和家庭的净值、现金流以及财富产生的影响，认为货币供给量的增加影响银行基于资产、负债以及现金流信息对企业和家庭违约风险的估算，进而改变银行的信贷决策。例如，宽松的货币政策环境下，货币供给量一方面使得银行准备金和存款增加，即银行体系的可贷资金数量增加，另一方面又使得企业和家庭的净值、现金流和财富增加，银行根据这些客观[①]的财务信息而评估的违约风险概率也随之降低，因此，银行会增加信贷的投放，企业和家庭的投资以及消费支出进而增加，最终使社会总产出增加。

如果考虑货币政策对商业银行风险承担的影响，货币政策的传导渠道又有了新的内涵。不少学者将其称之为货币政策的银行风险承担渠道，并看作是与传统利率渠道、信贷渠道之外的一种新渠道。笔者认为，风险承担渠道实质上是依附于信贷渠道的，因此并不是一种新的渠道，只是对传统信贷渠道的拓展和延伸。加入了商业银行风险承担元素后，商业银行在货币政策的传导中不是中立的，而是具有一定风险态度的，银行在分析企业或家庭违约风险进而决定是否贷款时，除了受到企业或家庭净值、现金流或财富的影响，还会受到其自身风险承担意愿的影响。如前文所述，商业银行的风险承担意愿和行为又受到货币政策的影响，因此，从货币政策改变到商业银行信贷数量改变这一传导机制中还应纳入体现银行风险态度的风险承担要素。

根据前文对作用机理的论述，货币政策通过信贷评估效应影响商业银行的风险承担，这一机制正好解释了广义信贷渠道中货币政策如何通过影响企业和家庭资产、负债以及流动性等方面的信息影响银行信贷投放的这一过程。如前所述，由于银行业广泛使用在险价值（VaR）等风险计量模型以及信用评级、资本充足监管、公允价值会计准则等都呈现出明显的顺周期性，银行的风险识别能力会随着这些评判标准和金融系统的顺周期性而发生变化，虽然银行在整个过程中可能是风险中性的，但这些信贷评估准则和监管要求确实增加了商业银行风险承担，至少是被动的风险承担。在此基础上，风险承担渠道将商业银行对风险的态度考虑进来，认为货币政策还通过预期效应改变了商业银行的风险偏好，进而改变银行的主动风险承担，这会放大传统的信贷渠道传导效果。同时，货币政策在竞争效应、资金成本黏性效应、保险效应下也都会对商业银行的风险承担行为产生影响，继而作用于银行的信贷投放数量和质量，最终影响总产出。图 7-4 概括了在宽松的货币政策下考虑

---

① 值得注意的是，这里的客观应该理解为相对客观。由于现行的盯市会计准则计量有一定的顺周期性，次贷危机后，其客观性已受到学界质疑。

商业银行对风险的态度之后形成的更广义层面上的传导渠道。因此，考虑货币政策对银行风险承担的影响后，不仅改变了传统货币政策传导机制中关于商业银行风险中性和单纯作为金融媒介的假设，拓展了传统货币政策传导机制，还从商业银行行为的视角提出了对现有宏观经济理论与模型的重新审视。

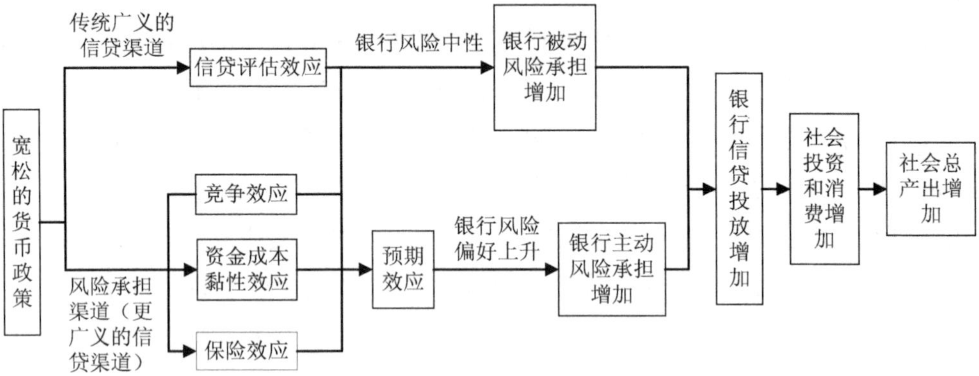

图 7-4 嵌入银行风险承担要素后的广义信贷渠道传导机理图

7.1.3 研判货币政策效果时须兼顾金融稳定

2008 年全球金融危机爆发以前，传统货币政策理论基于杰克逊霍尔共识（Jackson Hole Consensus），认为只有在危及金融稳定的风险已影响到通货膨胀和经济增长预期时，央行才应予考虑[①]。在大多数情况下，经济稳定与金融稳定的呈现是一致的，因此，锚定价格稳定目标的货币政策能在经济稳定发展的同时确保金融安全稳定。然而通过前述理论和实证分析，货币政策会对银行等金融机构的风险承担产生影响，货币政策在实施低利率政策和释放货币供给而促进当前经济增长的同时往往会以牺牲未来金融的稳定甚至经济的稳定为代价。那么在研判货币政策是否取得良好效果时，就不能仅关注传统的物价稳定和经济增长目标，还应该兼顾金融稳定目标，防范金融体系的系统性风险，避免因为金融体系错综复杂的关联性和内生的脆弱性给金融稳定造成影响，进而危及一般物价的稳定和经济的稳定。具体而言，研判货币政策的实施效果应全面及时地考虑货币政策给社会经济金融带来的影响，不

① 葛奇. 金融稳定与央行货币政策目标：对“杰克逊霍尔共识”的再认识 [J]. 国际金融研究,2016(6):3-12.

仅要关注一般物价水平的稳定，还要关注容易引起金融危机的资产价格的稳定；不仅要将银行等金融机构作为货币政策传导的途径和渠道，还应当考虑金融机构的主观能动性以及风险承担意愿与行为的变化；不仅要观测金融体系资金数量的显性变化，还要观测资金质量的隐性变化；不仅要考虑现行政策对当前政策目标达成的作用，还应该延长考察货币政策效果的时间窗口，从更长的时间维度进行考量，将货币政策调控上升到维护金融整体稳定，并以此达成稳定物价、促进经济增长的目标。

7.2 政策建议

7.2.1 发挥货币政策与宏微观审慎监管的耦合协同效应

从金融稳定的角度来看，货币政策并不完全是中性的，宽松货币政策环境下商业银行倾向于高风险的投资行为，这一行为会加剧金融系统性风险的积累。如何消弭货币政策对商业银行风险承担的影响，减少银行的顺周期行为和内生性风险的产生？巴塞尔银行监督管理委员会指出仅仅依靠过去对单个银行实施的微观审慎监管并不能达到理想的效果，应该在微观审慎监管的基础上建立宏观审慎监管。回顾历史，宏观审慎的思想始于 20 世纪 70 年代，国际清算银行首次提出要基于金融体系整体构建金融监管框架。1999 年，国际货币基金组织尝试研究建立金融稳健指标体系，但这并未引起各国的重视，直到次贷危机爆发后，二十国集团（G20）在 2009 年 4 月的伦敦峰会上明确提出要实施宏观审慎监管，这一思想才得到世界范围的重视。

2011 年，我国在货币政策工具方面尝试运用了差别准备金动态调整举措，充分结合社会融资总量与结构、单个银行机构贷款方向与整体发展目标偏离的情况，对资本充足率低、资产质量次、风险承担高的银行机构实施较高的准备金率，这便是我国货币政策与宏微观审慎结合的最好例证。2016 年，中国人民银行将差别准备金动态调整机制和合意贷款管理机制升级为宏观审慎评估体系（MPA）①，其核心是宏观审慎资本充足率。党的十九大报告提出“健全货币政策和宏观审慎政策双支柱框架”，表明党中央已将宏观审慎监管的重要性提升到与货币政策同样的高度。从理论上看，宏观审慎监管政策作为连接货币政策与微观审慎监管政策的桥梁，将货币政策与微观审慎监管政策有效地结合起来，共同防范金融风险、维护金融稳定、避免金融危机。从实践上看，宏观审慎政策整体在一定程度上抵消货币政策的风险承担效应，政策间存在协调配合效应（祁敬宇、刘莹，2021）。那么货币政策与宏观审慎监管应该如何有机融合，宏观审慎监管与传统的微观审慎监管又应该如何协同配合，才能在既确保物价稳定、经济增长的同时又能防微杜渐，及时、有效地防范单个银行机构风险承担的上升以及由银行体系的顺周期风险承担行为所导致的系统性风险？本节分别从货币政策与宏观审慎监管、宏观审慎监管与微观审慎监管之间的耦合协同来探索三者之间如何达到有机统一。

7.2.1.1 货币政策与宏观审慎监管政策的耦合协同

（1）政策达成目标的耦合协同

不同的经济环境和市场化程度形成的国情差异使各国货币政策拟达成的最终目标不尽相同，但绝大多数市场经济国家都将稳定物价、防止通货膨胀作为货币政策要达成的首要目标，甚至是理论意义上的唯一目标。宏观审慎监管政策却是在次贷危机后，各国普遍重视金融机构系统性风险的防范而应运而生的，其主要目标就是要维护金融稳定，防范系统性金融风险②。因此，宏观审慎监管政策要达成的目标相较于货币政策的目标更加明确和纯粹，就是防范金融机构的顺周期行为可能诱发的系统性风险，从而维护金融稳定。货币政策和宏观审慎监管政策的目标至少具有以下两个相同点：一是二者都具有宏观特征，不论是物价稳定、经济增长还是金融稳定，都是基于宏观经济层面视角，两种政策都属于宏观经济政策范畴；二是二者都具有逆周期调节的特征，不管是价格稳定还是金融稳定的目标都需要政策主体审时度势，逆经济周期操作，以熨平经济的周期性波动，抑制物价和金融体系不稳定的

---

① 资料来源：《2015 年第四季度中国货币政策执行报告》专栏 2。

② 周小川. 金融政策对金融危机的响应：宏观审慎政策框架的形成背景、内在逻辑和主要内容 [J]. 金融研究,2011(1):7.

因素产生。

事实上，货币政策的价格稳定目标在一开始就隐含了金融稳定的要义。传统货币政策理论认为通常情况下价格和产出的稳定就能兼顾到金融稳定，即使偶尔出现资产价格泡沫破灭引起的金融不稳定，中央银行只需在泡沫破灭后展开事后救助即可，这样就足以控制损失而不会发生金融危机。因而在平时的操作中，中央银行无须将资产价格的大幅上涨纳入其反应函数，仅仅单一地盯住一般价格水平就可以。然而，随着金融市场的日渐发达，金融自由化的不断加快，金融在经济发展中的地位越发重要，金融稳定已攸关经济稳定。2008年的金融危机就肇始于房地产价格以及与之相联系的金融资产价格而非一般物价的剧烈波动。物价水平的稳定是金融稳定乃至经济稳定的基础和必要非充分条件，没有物价的稳定，金融的稳定无从谈起。但即使物价稳定也并不一定能确保金融稳定，因为金融稳定除受到一般物价水平的影响之外，还受到经济失衡、资产价格大幅波动、银行等金融机构普遍提升风险承担等因素的影响。特别是在长期宽松货币政策环境下，稳定的经济增长预期加剧了银行以及其他金融市场交易主体的过度风险承担，金融体系变得更加脆弱。即使一般物价稳定、通胀率维持在较低水平，其他因素的些许变动也会导致金融不稳定。同时，金融稳定又是实现经济增长的前提条件，金融不稳定反过来会引起经济动荡，从而不利于货币政策维护币值稳定，阻碍经济增长目标的达成。宏观审慎监管就是要及时限制因银行系统性风险的大规模扩散而引起的经济波动。由此可见，货币政策和宏观审慎监管政策的目标本身就是耦合协同的，只有兼顾了宏观审慎的金融稳定目标，货币政策的目标才能更好地实现。

（2）政策实施过程的耦合协同

虽然货币政策的目标与宏观审慎监管政策的目标是耦合协同的，但这并不表示货币政策在实施过程中不会与宏观审慎监管政策发生冲突。不论发达国家还是发展中国家，经济增长和充分就业都是各国政府重点关注并力图实现的目标。货币政策在稳定物价、稳定币值的同时还要兼顾经济增长、充分就业甚至国际收支平衡，这使得货币政策的目标通常并不那么纯粹。为此，学术界还曾掀起过一股探讨中央银行独立性的热潮。这些政策目标之间可能存在冲突，例如菲利普斯曲线指出至少在短期内通货膨胀与经济增长就犹如鱼和熊掌不可兼得，要想刺激经济就只能以牺牲一定的物价稳定为代价，中央银行只能审时度势在二者间相机抉择。正由于货币政策在物价稳定的同时也要兼顾促进经济增长目标，才使得货币政策的实施可能会影响到金融稳定。如前所述，可以清晰地认识到货币政策的松紧会通过影响银行等金融机构体系的风险承担改变金融市场的资金价格、数量以及投放，进而影响各类资产的价格。作为逆经济风向行事的货币政策，会随着经济增长和物价稳定而改变其立场，而政策立场的改变正是引起资产价格剧烈波动的因素之一。

可见，货币政策在实施过程中往往难以兼顾促进经济增长和维护金融稳定的双重目标。根据丁伯根原则，政策工具的数量至少要等于目标变量的数量，换言之，要达到几个政策目标就需要几种政策。同时，货币政策侧重于总量调控而非结构性调节，这时需通过侧重于结构性条件的宏观审慎监管政策对货币政策进行有益补充。例如，当宽松的货币政策刺激了银行等金融机构的风险承担时，资金的趋利性会引导释放的流动性集中涌向高收益部门，引起该领域资产价格可能脱离经济运行规律和正常水平，造成风险集聚，系统性风险增大，形成资产泡沫。这时，需要宏观审慎政策的逆周期资本监管、差额存款准备金率等工具来纠正、预防微观主体资金的流向偏误，减缓金融体系整体风险承担的增加给金融稳定造成的不利影响。货币政策与宏观审慎政策应在不同经济状态下进行相机抉择、耦合协同。一般而言，当经济社会出现较高通胀和较低金融系统性风险时，主要采用紧缩的货币政策和适度的宏观审慎政策；当出现低通胀和较高金融系统性风险时，主要采用趋严的宏观审慎政策和稳健的货币政策；当出现较高通胀和较高金融系统性风险时，在实施紧缩货币政策的同时还应加大宏观审慎政策实施的力度；当出现低通胀和较低金融系统性风险时，可以采用稳健的货币政策辅以适度的宏观审慎政策。总之，货币政策在实施过程中必须与宏观审慎政策结合起来才能更好地达到预期的效果，在稳定物价的同时共同保障经济金融的平稳运行。

（3）政策实施主体的耦合协同

从世界范围看，很多国家（如英国、日本）都选择将宏观审慎监管职能或主导职能归入中央银行的职能范围内。首先，中央银行作为银行的银行，在整个金融体系中处于超然的地位，加之其最后贷款人的职责本身就表明了央行具有维护金融稳定的义务。其次，鉴于货币政策在实施过程中会内生地对商业银行的风险承担产生影响，最终导致金融不稳定，作为货币政策实施主体的中央银行难辞其咎，理应在实施货币政策的同时结合宏观审慎政策防范系统性风险的爆发。再次，央行在长期监测金融系统行为和宏观经济运行中具有信息搜集、统计分析、支付清算等方面的优势，这在对金融系统的资本要求、流动性和杠杆率等方面进行监测，以及建立中央对手方机制，从总体层面监控场外衍生品市场交易的风险敞口等宏观审慎监管方面都具有优势。最后，由于货币政策和宏观审慎政策的达成目标并不总是一致的，将二者统一由央行实施可以避免执行主体之间协调困难而错过防范金融危机的最佳时期。由于货币政策与金融稳定政策的内在交融，央行应承担起系统性监管者的角色。①

结合我国的实际情况，将宏观审慎监管职能赋予中央银行是合理必要的。我国在《中华人民共和国中国人民银行法》立法之初便确定了中国人民银行在执行货币政策的同时也要兼顾维护金融稳定的使命②。2005 年，中国人民银行牵头组织国家发改委、财政部、统计局以及银监会、证监会、保监会和国家外汇管理局等机构联合对我国金融体系开展金融稳定评估，并定期公布《金融稳定报告》。2008 年金融危机后，中国人民银行积极探索研究宏观审慎监管政策。2016 年我国正式启用宏观审慎评估体系并将其与货币政策均纳入中国人民银行货币政策司的权责范畴，由货币政策司统一实施。党的十九大明确提出“健全货币政策和宏观审慎政策的双支柱调控框架”后，2019 年人民银行设立宏观审慎管理局，负责建立宏观审慎政策框架和制度，系统重要性金融机构评估、识别和处置机制，金融控股公司等金融集团的监测分析合并表监管以及对跨境资金的逆周期调节等工作。

7.2.1.2 宏观审慎监管政策与微观审慎监管政策的耦合协同

（1）政策达成目标的耦合协同

从政策设立的初衷看，构建微观审慎制度的目标是防范个体机构风险的爆发，而构建宏观审慎制度的目标是防范系统性风险的爆发。但 2008 年金融危机前，各国的监管理念都认为只要防范单个金融机构的个体风险，就能守住不发生系统性风

---

① 张雪兰, 何德旭. 货币政策立场与银行风险承担：基于中国银行业的实证研究（2000—2010）[J]. 经济研究,2012(5):42.

② 详见《中华人民共和国中国人民银行法（1995 版）》第一条。

险的底线，维护金融稳定。因为，只要单个金融机构是安全稳健的，那么由它们组成的金融体系也将安全稳定，并由此得出微观审慎性监管的总和就等于宏观审慎性监管的结论。可以看出，虽然微观审慎政策的直接目标是防范个体风险，但最终的目标仍然是维护金融稳定。由于金融机构体系中的风险主体是从事零售业务的商业银行，因此各国监管机构对商业银行都采取了较为严苛管制。而今，这一理论被学术界指责为犯了“合成谬误”。正如公地悲剧带来的启示一般，在存在外部性的情况下，个体的理性合规并不代表群体的理性合规，宏观审慎并不是简单的微观审慎的叠加。随着金融市场的不断发展、融资渠道的不断拓展、产品研发的不断创新，商业银行之间以及银行与其他金融机构之间的联系越来越紧密，由此带来的便是业务的同质性、交叉性和风险的隐蔽性、系统性。可以说，在此状态下，牵一发而动全身。以维护单个金融机构安全性为目标的微观审慎监管在次贷危机中显得软弱乏力，无法防范金融风险跨机构、跨时期和跨行业的蔓延。如果宽松的货币政策增加了商业银行的风险承担，释放出的资金并未投放到实体经济，而是通过产品创新以表外业务等形式绕过微观审慎监管指标，流到金融系统间的通道业务，加大杠杆效应，提高社会融资成本，最终将给金融稳定造成极大的不利影响。可见，货币政策的实施要想达到物价稳定并促进经济增长之目标，单靠微观审慎监管是不够的，在微观基础上针对系统性风险防范构建的宏观审慎监管能将货币政策与监管措施协调融合，发挥政策的耦合效应，促使政策目标的达成。

因此，巴塞尔委员会在以微观审慎监管作为核心内容的《巴塞尔协议Ⅱ》的基础上，引入宏观审慎监管的理念，制定了《巴塞尔协议Ⅲ》。首先，在最为核心的资本要求方面，新协议在原有最低资本要求的基础上加入了对资本质量即吸收损失能力的考量，将最能吸收损失的普通股充足率最低要求从 2% 提升到 4.5%，一级资本充足率从 4% 提升至 6%；此外还要求银行在 4.5% 的普通股充足率基础上再保留 2.5% 的普通股作为资本留存缓冲，并根据信贷与 GDP 比重的偏离趋势和程度增加 0~2.5% 的逆周期资本缓冲；同时针对系统重要性银行，要求其通过增加附加资本、建立应急资本机制弹性增强损失吸收能力。其次，在流动性要求方面，新增流动性覆盖比率（LCR）和净稳定融资比率（NSFR）[①],以要求银行拥有更充足的高

① LCR 和 NSFR 在第 3 章中有详细介绍。

质量流动性资产，解决更长期的流动性错配问题。再次，在资本充足率的基础上补充了一项新的杠杆率要求，弥补原来采用内部评级法计算资本充足率所产生的顺周期问题，新的杠杆率要求将银行一级资本除以其表内资产、表外风险敞口和衍生品总风险暴露的比率，风险暴露不经风险调整，从而既将表外项目考虑进来又避免了风险调整的顺周期问题。最后，在拨备方面明确提出要根据预期损失而不是既有损失计提拨备，建立具有前瞻性、动态性的拨备规则。

（2）政策实施过程的耦合协同

系统性风险和个体风险常常交织糅合在一起。宏观审慎政策是自上而下，根据系统性风险的变化进行调整的；而微观审慎政策则是自下而上，根据单个金融机构风险的变化进行调整的。

可见，微观审慎监管是宏观审慎监管的基础和前提，宏观审慎监管体系的建立就是在微观审慎监管体系的基础上植入了跨时间维度和跨空间维度概念，在原有微观审慎监测指标中增加了防范商业银行顺周期性风险以及商业银行等金融体系之间风险传递的理念。

7.2.2 构建宏观审慎架构下的货币政策目标体系

7.2.2.1 优化现行货币政策的最终目标

既然货币政策会影响商业银行的风险承担，因此货币政策的制定和实施就应该考虑其对银行等金融机构内生性风险和金融稳定带来的不利影响，兼顾金融稳定的目标。那么，在货币政策的实施中除了与宏观审慎政策的耦合协同外，其自身应该如何兼顾金融稳定目标呢？过去，我国货币政策的最终目标是物价稳定和经济增长，在实际操作中，中国人民银行主要盯住反映上述两个目标的CPI和GDP指标。如果不将能在一定程度上反映金融稳定的指标纳入考量，那么兼顾金融稳定的目标终究只能成为一句口号。

实际上，经济不稳定的信号最初并不是由通货膨胀率的上升来预示，而是表现为信贷和资产价格的变化。例如，在2003年初到2008年7月期间，囊括食品、金属和能源等在内的IMF初级产品价格指数上涨幅度为230%，但CPI却保持总体稳定。因此，笔者认为货币政策要在实现价格稳定、促进经济增长的同时，兼顾金融稳定的目标，央行不仅要及时关注 CPI 指数，还应关注有可能影响金融稳定的房地产、股票、信贷等资产价格变化。因为在 CPI 明显上升时，往往是资产价格泡沫被刺破、金融危机到来的前夜。因此，央行应设计能合理反映资产价格变动的指数，一旦资产价格指数的波动超过预先设定的阈值，就应该启动逆周期资本缓冲或预期损失准备等宏观审慎工具。建议在现行计算标准的基础上探索从单个 CPI 指数向一整套 CPI 指数体系转变的改革措施。按照影响居民生活的一般物价水平以及影响居民财富和资本流动的资产价格水平等进行有效分类并及时关注和监控。此外，自 1998 年住房改革以来，我国银行信贷资金有较大一部分投资到了房地产市场中，房产占居民家庭资产的比例越来越高，房价也一路高歌猛进。据西南财经大学中国家庭金融调查与研究中心发布的《2018 年中国城市家庭财富健康报告》看，中国家庭住房资产在家庭总资产中占比 77.7%，远高于美国的 34.6%，而 2015 年这一数据为 69.2%。结合国家统计局公布的销售额和销售面积粗略推算，2020 年全国住房均价约 9 860 元 / 平方米，2011 年这一数据约为 5 379 元 / 平方米①。可见，房地产价格已然成为影响国民生活和银行资产安全性的重要因素之一。考虑到房价波动带来的财富效应较大，还可以尝试将房屋租金修改为房地产价格并赋予一定的权重值植入到 CPI 指数或指数体系中，以便更好地研判货币政策的实施效果和目标的实现。

7.2.2.2 建立货币政策的中介目标体系

由于货币政策具有一定的时滞性，因此在实施过程中，央行应科学合理地设置中介目标，方能及时测定和控制货币政策的实施程度，了解资金的流向与规模，识别和衡量银行等金融机构的风险承担行为，从而预判货币政策对最终目标的影响。中介目标是连接货币政策工具与最终目标之间的桥梁，在政策传导过程中起着承上启下的作用。在金融衍生品不断推陈出新、融资方式不断多元化的今天，货币政策的中介目标应该不仅仅关注 M2 的数量及其增长率，还应在宏观审慎框架下健全现行货币政策的中介目标体系。建议加大对广义信贷和社会融资规模各项指标的关注度，逐步从管理货币供给量向管理金融体系流动性转变。关注信贷与 GDP 比值的

① 数据来源：国家统计局网站。

偏离趋势和程度，以便前瞻性地预测中介目标与最终目标的传导机制是否有效。积极探索将金融状态指数（Financial Condition Index，FCI）作为货币政策的中介目标。FCI 是在短期利率和汇率加权平均构建的货币状态指数（Monetary Condition Index，MCI）的基础上，加入了影响资产价格指标而形成的。由于资产价格剧烈波动是造成金融不稳定的重要因素之一，因此包含了房地产、股票价格等资产价格变量以及实际利率、汇率和 M2 的 FCI 能反映金融市场的状态。此外，还应构建能反映商业银行风险承担意愿的指标或指数并将其纳入中介目标体系中。建议在实施货币政策时，构建类似银行贷款审批条件指数等能反映银行信贷标准、风险定价的指数，并及时观测，从信贷质量源头上进行风险管控。总之，仅仅将广义货币供给量 M2 作为唯一的中介目标已不适应当下金融结构的多元化。建立多维度的中介目标体系，及时监测货币政策实施过程中由于商业银行内生性风险承担的改变而带来的风险暴露是维护金融稳定的有效途径。

7.2.2.3　完善货币政策操作工具及其传导机制

首先，稳步推进纳入对风险承担考量的法定存款准备金制度。现行的存款准备金制度建立之初的目的是防范银行的流动性不足导致的挤兑风险，是按照商业银行存款负债规模的一定比率缴存的。2011 年引入了差别准备金动态调整机制，针对那些资本充足率较低、资产质量较差、信贷增长过快、风险隐患较大的金融机构实施差别准备金要求，此举是将宏观审慎理念引入货币政策工具的率先尝试，在维护金融稳定，防范金融机构风险承担方面起到了良好的效果。随着宏观审慎管理体系的不断完善，可以在此基础上探索基于所有负债和资产为缴存基数、引入风险承担元素的差别准备金动态调整制度。中央银行将商业银行不同类别的负债和资产设置能反映其风险承担程度的风险系数，根据风险系数乘以相应的资产和负债数量作为法定准备金缴存基数，实现对于风险承担较大的银行要求较高的法定准备金率，风险承担较小的银行要求较低的法定准备金率，从而弱化货币政策在执行过程中对银行风险承担产生的影响，降低银行风险暴露的概率。其次，可以将央行沟通机制纳入货币政策操作工具。所谓央行沟通是指央行通过口头或书面的形式向各经济主体宣告货币政策目标、立场、工具运用、未来经济前景和政策趋势等信息的举措。随着我国货币政策信息的更加公开透明化，人民银行定期公布金融稳定报告、货币政策执行报告、召开新闻发布会、召集金融机构负责人谈话等形式已成为常态。建议完善央行与商业银行等金融机构之间有效的信息沟通机制，释放经济预期信号和货币政策立场，及时观察银行等金融机构风险承担的变化，掌控风险的发展趋势。最后，由于我国形式上的利率市场化改革已完成，应加快推进实质上的利率市场化的实现，强化银行等金融机构的市场化定价能力，逐步疏通利率传导机制。提升上海银行间同业拆借利率（Shibor）在货币市场上的基准利率的地位，使之能作为及时反映货币市场资金供求情况的风向标，同时建立通过公开市场操作、常备贷款便利和抵押补充贷款等货币政策工具引导 Shibor 利率走势的有效传导机制，疏通并健全短期利率与中长期利率、利率与汇率之间有效的传导机制。

7.2.3 调动商业银行风险管控的主观能动性

7.2.3.1 建立商业银行风险预警和自救机制

要求银行等金融机构建立前瞻性的风险预警机制和自身的救助机制，从内部层面增加风险承担的成本。首先，银行要积极引进先进的风险量化技术和科学的风险评估模型，在日常经营过程中根据审慎监管标准评估风险和损失吸收能力，建立前瞻性的风险评估和损失预测的风险预警机制。风险预警机制的指标体系不应局限于基于财务信息构建的信用风险、市场风险和流动性风险等指标体系，还应包括基于宏观经济状况、行业环境、信用及担保情况、潜在经营风险等动态信息构建的非财务指标体系。其次，要提高资本质量，建立应急资本机制，增强资本的损失吸收能力，提高银行的自我救助能力。探索尝试将银行高管层的年薪按照一定比例通过应急可转债的形式发放，使其在银行各项监管指标处于正常时期获得约定的债券利息，在银行流动性或资本充足水平临近或低于预警线时，强制将应急可转债转为普通股，从而既应急地提高了资本水平，又在一定程度上降低了银行高管的风险承担。

7.2.3.2 优化具有长期导向的激励约束机制

商业银行的风险承担实质上是内部各利益相关主体风险承担行为博弈的结果。以栾天虹（2013）为代表的学者提出要优化我国商业银行的公司治理机制，从银行内部降低风险承担。笔者认为，在此基础上，应强调银行激励约束机制的优化。随着股份制改革的全面推进和深入，目前我国商业银行已初步建立了按业绩和贡献度取酬的差异化薪酬制度，但薪酬制度的设计似乎激励有余而约束不足。这主要是因为近年来我国商业银行采取了增资扩股、重组改革、剥离不良资产等措施，大大降低了不良贷款率，同时银行的风险评估和风险防范技术更加先进，风险管控水平得到较大提升。因而，在宽松的货币政策环境下银行体系的资金充裕，导致银行内部各经济主体都更关注盈利性。为减小货币政策对商业银行风险承担的影响，应明确界定利益相关主体的权利和责任边界，优化现行激励约束机制，延长员工的业绩考核时间，严格落实惩罚机制，建立风险与收益相匹配的长效激励约束机制，强化避免银行员工过分看重即期效益的短期化风险承担行为。

7.2.3.3 加强风险管理理念和文化建设

根据前文的分析，商业银行内部经济主体容易在羊群效应下改变自身的风险偏好和风险承担意愿。因此，除了要引进风险量化技术和风险评估模型，建立风险预警机制之外，还应该加强风险管理理念和风险管理文化的建设，前瞻性地预见并抑制风险承担行为主体因货币政策立场和环境的改变而造成风险承担意愿和风险偏好的改变。培育包括银行股东、董事会、高管层、执行层乃至普通员工的全员参与风险管理的文化氛围，强化风险理念和意识。定期开展宏观经济形势分析、经济政策解读、行业前景分析、金融市场风险识别等方面的培训，让全体员工将风险管控文化理念变成潜意识的行为准则和共同的价值观，引导全体员工将风险管理从事后的被动行为向事前的主动意识转变，调动银行内部各风险承担行为主体在风险防范和管控方面的主观能动性。

7.2.4 优化并完善相关配套措施

7.2.4.1 优化现行金融监管体制

改革开放以来，我国金融监管体制先后经历了中国人民银行集中管理、“一行三会”分业监管格局、以中央“一委一行两会”为主的央地监管双层架构三个阶段[①]。其中，一委指的是2017年11月，国家成立的国务院金融稳定发展委员会（简称"金融委"），一行是指中国人民银行，两会是指中国证券监督管理委员会（简称"证监会"）和2018年4月在原有基础上进行整合组建的中国银行保险监督管理委员会（简称"银保监会"）。现行的"一委一行两会"在金融管理主要是中央事权的前提下，强化属地风险处置责任，形成了金融委统筹推动中央金融监管部门之间以及跨区域的监管协作机制（孙迎辰，2022）。这一监管模式正是在金融创新不断深化、金融产品趋同化、金融业务交叉化、融资方式多元化、风险敞口隐蔽化的新金融时代，为守住发生系统性金融风险的底线，维护国家金融安全所探索的制度创新。当然，新的监管体制在实施过程中往往会出现中央与地方金融兼顾存在部分领域权责不清、监管空白与监管重叠等问题，以及人民银行与银保监会、证监会在某些统计口径等方面存在矛盾或交叉的现象。金融机构面临着多头监管、多重审批、重复检查和重复处罚等问题，增加其经营运行成本，影响金融行业效率。例如，在统计绿色金融时，人民银行明确了绿色债券和绿色贷款的范围，银保监会却又是按绿色信贷进行统计的。又如，对金融机构的资本构成划分标准不同，银行业的资本分为核心一级资本、其他一级资本和二级资本三层，而证券业的资本则分为核心净资本和附属净资本两类，保险业的资本分为核心一级资本、核心二级资本、附属一级资本和附属二级资本四类。再如，随着金融机构更加多样，金融业务更趋综合，金融交易更加智能，金融产品跨界特征越发明显，诸如资管类的产品往往跨越了银行业、保险业、证券业、信托业，虽然监管机构联合发布了《关于规范金融机构资产管理业务的指导意见》，但缺乏具体的操作指引，难以避免监管权限和职责划分不清的困境。

因此，应加强现行金融监管体制顶层设计，在国务院金融稳定发展委员会的统一指挥下，理顺我国各金融监管机构的权责关系，提升机构之间的协调效率，避免出现监管真空和监管重复现象。建议首先出台统一的金融监管法，以法的形式明确中央和地方金融监管的权责关系，中国人民银行与中国银行保险监督管理委员会、中国证券监督管理委员会的职权划分，强化地方金融监督管理局的职能。其次，大力发展协同监管。以机构监管为核心，强化监管部门与宏观管理部门之间、金融部

① 刘丹冰. 新发展视角下统一"金融监管法"的制定 [J]. 法律科学（西北政法大学学报）,2022,40(1):181-190.

门与其他部门之间的工作协同，既各司其职、各尽其责，又协同联动、紧密沟通，注重宏观审慎监管、微观审慎监管、行为监管的协调效率[①]，充分发挥监管合力、降低监管成本、提升监管水平，从形式上的机构监管转变为实质上的功能监管和行为监管。

7.2.4.2 完善金融市场的基础设施建设

一是要完善现行会计制度和拨备计提方式。现行以公允价值计量为特征的盯市会计制度是建立在有效市场假设基础上的，该理论认为市场本身的功能是完善的，市场价格能充分反映一切可获得的信息。但从行为金融学的角度而言，不论是商业银行、投资者、评级机构都并不总是理性的，羊群效应和启发式偏差现象比比皆是，这就造成了盯市会计准则下金融主体的顺周期行为。在经济繁荣时期，基于盯市会计准则计量的投资者净值和现金流都会得以改善，根据内部评级法确定的风险权重也会降低，进而监管当局的资本监管约束力被弱化，银行在信贷评估效应和预期效应下会增加风险承担，从而造成信贷的过度投放。金融危机即将来临的时候，以公允价值计量的金融资产的账面价值会断崖式地下跌，从而扭曲了市场经济主体的预期，投资者纷纷抛售资产，评级机构下调资产信用评级，在羊群效应下形成“资产价格下跌—资产账面价值减计—恐慌性抛售资产—资产价格进一步下跌”的恶性循环。因此，应改革现行会计制度，结合国际会计准则委员会（IASB）的建议，以公允价值和摊余成本的混合模式计量金融资产，从而有效防范风险蔓延和金融恐慌。其次，探索银行贷款损失准备金的计提方式。目前有三种方式计提：根据已发生损失计提，即国际会计准则在资产负债表日有客观证据表明贷款已经发生减值时，按照贷款的摊余成本和未来现金流量的现值之差计提贷款减值准备，此种方法看似客观，但有明显的顺周期性；根据预期损失计提，即根据资产负债表日影响贷款的可收回性，运用概率估算未来现金流的金额和时间分布，预测贷款在生命周期内的潜在损失，此种方法从理论上讲十分合理，但操作性较差，因为要想精确预期违约概率和生命周期非常困难；建立动态前瞻性拨备，通过计算贷款潜在损失与专项准备的差额确定应计提的动态拨备，其核心要求银行在经济繁荣时期多计提贷款拨备，在衰退时期少计提贷款拨备。现行的贷款损失准备主要采取第一种，但金

---

① 曹宇. 构建新发展格局下的有效金融监管体系 [J]. 中国金融,2020(24):19-20.

融危机后，动态、前瞻性拨备受到学界和业界的肯定，中国人民银行也明确提出了要采用此种拨备计提方法，不过在具体的计提准则设计时要充分考虑其给银行利润调节带来的操作空间，尽可能避免银行操控利润的现象发生。

二是要完善银行等金融机构的市场约束和信息披露机制。虽然《中华人民共和国中国人民银行法》《中华人民共和国商业银行法》《金融机构撤销条例》《金融违法行为处罚办法》《中华人民共和国公司法》《中华人民共和国企业破产法》等法律条例都规定了商业银行市场退出的形式及其条件，但主要是原则性的规定，实践操作性不强[①]。从 1998 年海南发展银行的退出事件看，国家的隐性保险不仅使我国银行业存在“大而不倒”的现象，甚至连小银行也缺乏风险分担机制和市场化的退出机制。对于问题银行采用中央银行再贷款或强制性行政接管等非市场化退出手段，降低商业银行风险承担的机会成本。加之在政府安全网的庇佑下，储蓄存款基本上是刚性兑付的，这些无疑会弱化市场约束作用，最终助长银行的风险承担行为。因此，要想在实施货币政策时降低其对银行风险承担的影响进而造成的系统性风险，就要突出市场的监督约束作用，完善银行等金融机构的市场退出机制。建议在目前显性存款保险制度下，进一步出台专门针对银行破产方面的法律法规细则，在落实市场化退出机制的同时尽可能避免单家银行破产给社会稳定造成的冲击。此外，要发挥好市场的监督约束作用还必须完善银行的信息披露机制。建议不仅是上市银行，非上市银行也应通过官方网站定期（建议每季度）向社会公众公布诸如资本充足率、风险加权资产占比、贷款本息收回率、利率敏感性缺口等能反映风险暴露状况的指标。积极推动建立银行的信贷定价和审批条件等公共信息数据库，细化并公开资产负债表中资产、负债和资本结构以及其他能反映银行风险承担和风险分散程度的信息，让全社会成员共同参与监督，及时有效地抑制商业银行的过度风险承担行为，维护金融的稳定。

---

① 叶李伟. 我国银行市场退出机制的现状、问题及对策研究 [J]. 福建论坛（人文社会科学版）,2010(6):29-33.

参考文献

[1] 巴曙松，王文强. 次级债市场发展与中国商业银行资本金结构调整 [J]. 中国人民大学学报，2005（1）：66-73.

[2] 曹廷求，张光利. 市场约束、政府干预与城市商业银行风险承担 [J]. 金融论坛，2011（2）：3-14.

[3] 曹廷求，朱博文. 货币政策、银行治理与风险承担 [J]. 金融论坛，2012（12）：4-12.

[4] 曹艳华. 国有商业银行治理机制对风险承担行为的影响 [J]. 山东社会科学，2009（5）：85-87.

[5] 陈龙腾，何建勇. 资本监管、风险承担与货币政策传导机制：研究综述与展望 [J]. 税务与经济，2011（2）：1-7.

[6] 陈其安，黄悦悦. 政府监管、市场约束对商业银行风险承担行为的影响 [J]. 金融论坛，2011（10）：56-61.

[7] 陈玉婵，钱利珍. 货币政策与银行风险承担 [J]. 金融论坛，2012（4）：14-20.

[8] 成洁. 中国资本充足率监管与商业银行风险承担：理论与经验研究 [D]. 杭州：浙江大学，2013.

[9] 戴小平. 商业银行学 [M].2 版. 上海：复旦大学出版社，2012.

[10] 邓翔，谭璐. “金融不稳定假说”的逻辑线索及现实意义 [J]. 西南大学学报（社会科学版），2010，36（4）：128-131.

[11] 邓志超. 货币政策目标传导机制与银行业风险承担渠道：2002—2013 中国制造业面板数据实证研究 [J]. 现代财经（天津财经大学学报），2014（12）：3-12.

[12] 丁伯平，吕栋. 商业银行薪酬激励机制对货币政策传导的影响 [J]. 中国金融，2008（23）：63-64.

[13] 方军雄. 我国上市公司高管的薪酬存在黏性吗？[J]. 经济研究，2009（3）：110-124.
[14] 方意. 中国宏观审慎监管框架研究 [D]. 天津：南开大学，2013.
[15] 封北麟，王贵民. 金融状况指数 FCI 与货币政策反应函数经验研究 [J]. 财经研究，2006（12）：53-64.
[16] 冯超，胡荣尚，王银. 宏观审慎管理视角下商业银行系统性风险研究综述 [J]. 浙江学刊，2014（3）：170-175.
[17] 付俊文，赵红. 我国窗口指导货币政策工具的理论与实践 [J]. 中央财经大学学报，2008（9）：33-37.
[18] 甘小军，王翚，玄立平. 古典货币非中性理论研究 [J]. 经济问题，2013（6）：69-73，94.
[19] 高培亮. 利率市场化对我国货币政策工具的影响 [J]. 财经科学，2015（4）：1-10.
[20] 高铁梅. 计量经济分析方法与建模 [M]. 北京：清华大学出版社，2009.
[21] 高智贤，李成，刘生福. 货币政策与审慎监管的配合机制研究 [J]. 当代经济科学，2015，37（1）：56-66，126.
[22] 葛奇. 金融稳定与央行货币政策目标：对“杰克逊霍尔共识”的再认识 [J]. 国际金融研究，2016（6）：3-12.
[23] 韩博，霍强. 货币政策、银行风险承担与资本监管套利：基于上市股份制银行面板数据的实证分析 [J]. 经济问题探索，2016（3）：185-190.
[24] 韩璐，位华. 市场约束、治理机制和商业银行风险承担 [J]. 宁夏社会科学，2011（3）：35-38.
[25] 郝项超. 高管薪酬、政治晋升激励与银行风险 [J]. 财经研究，2015（6）：94-106.
[26] 胡利琴，陈锐，班若愚. 货币政策、影子银行发展与风险承担渠道的非对称效应分析 [J]. 金融研究，2016（2）：154-162.
[27] 黄达. 金融学 [M]. 北京：中国人民大学出版社，2014.
[28] 黄志凌. 论风险偏好与银行的科学发展 [J]. 财贸经济，2009（4）：59-65.

[29] 贾洪文，颜咏华，白媛媛. 市场约束、竞争与银行风险承担：基于中国上市银行数据的分析 [J]. 贵州财经学院学报，2012（5）：47-53.
[30] 江明哲. 借鉴大数据相关关系 提升信贷审批前瞻性 [J]. 上海金融，2015（2）：100-106.
[31] 江群. 我国货币政策信贷传导渠道研究 [D]. 长沙：湖南大学，2010.
[32] 江曙霞，陈玉婵. 货币政策、银行资本与风险承担 [J]. 金融研究，2012（4）：1-16.
[33] 金鹏辉，张翔. 我国货币政策的风险承担渠道存在吗？ [J]. 投资研究，2014（3）：17-34.
[34] 金鹏辉，张翔，高峰. 货币政策对银行风险承担的影响：基于银行业整体的研究 [J]. 金融研究，2014（2）：16-29.
[35] 克里斯托弗·F. 鲍姆. 用 Stata 学计量经济学 [M]. 北京：中国人民大学出版社，2012.
[36] 肯尼斯·约瑟夫·阿罗. 经济理论与金融危机 [J]. 北京大学学报（哲学社会科学版），2010（1）：11-14.
[37] 孔德兰，董金. 公司治理机制对商业银行风险承担影响的实证分析 [J]. 中央财经大学学报，2008（11）：38-42.
[38] 雷蕾，彭孙琥. 价格稳定与金融稳定相关性研究：基于中国 2002—2015 年数据实证研究 [J]. 南方经济，2016（2）：106-117.
[39] 李华威. 银行资本与货币政策风险承担渠道：理论模型与中国实证研究 [J]. 金融经济学研究，2014，29（3）：34-43.
[40] 李健. 现代西方货币金融学说 [M]. 北京：中央广播电视大学出版社，2001.
[41] 李菁，黄隽. 我国货币政策的银行风险承担渠道检验：基于 GMM 实证研究 [J]. 当代财经，2014（12）：57-66.
[42] 李菁，梁俊. 我国货币政策银行业风险承担渠道时变特征研究：基于 TVP-SV-VAR 模型的检验 [J]. 上海金融，2015（10）：12-18.
[43] 李琼. 当前我国货币政策工具选择的依据及运用 [J]. 财经科学，2012（1）：1-8.

[44] 李亚微. 上市银行高管过度激励与风险承担水平的实证研究 [J]. 南方金融，2015（5）：28-36.
[45] 梁华权. 货币政策影响了中小企业信贷融资可获性吗 [J]. 市场金融，2013（10）：57-59，65.
[46] 梁丽丽，许世瑛. 短期利率对商业银行资产结构影响研究：兼论加强利率走廊建设的重要性 [J]. 农村金融研究，2016（2）：34-39.
[47] 梁艳. 资本监管约束下商业银行风险承担行为研究 [D]. 大连：大连理工大学，2012.
[48] 刘海明，许娟. 商业银行风险承担：指标及其有效性 [J]. 金融论坛，2012（11）：23-30.
[49] 刘航，韩婷. 为什么金融机构会承担过度的风险？一个基于银行存款竞争的解释 [J]. 当代经济研究，2013（9）：67-73.
[50] 刘晓欣，王飞. 中国微观银行特征的货币政策风险承担渠道检验：基于我国银行业的实证研究 [J]. 国际金融研究，2013（9）：75-88.
[51] 刘懿. 商业银行风险承担行为研究：基于公司治理视角 [D]. 成都：西南财经大学，2010.
[52] 刘伟，等. 我国货币政策体系与传导机制研究 [M]. 北京：经济科学出版社，2015.
[53] 陆剑清. 行为金融学 [M]. 北京：清华大学出版社，2013.
[54] 陆静. 金融风险管理 [M]. 北京：中国人民大学出版社，2015.
[55] 卢岚，邓雄. 结构性货币政策工具的国际比较和启示 [J]. 世界经济研究，2015（6）：3-11，127.
[56] 栾天虹. 商业银行治理机制与风险承担行为 [M]. 北京：中国经济出版社，2013.
[57] 马艳锋. 货币政策传导的博弈研究 [D]. 兰州：西北师范大学，2007.
[58] 茆训诚，王周伟，吕思聪. 风险承担视角下的货币政策审慎调控研究 [J]. 上海师范大学学报（哲学社会科学版），2014，43（4）：22-32，52.
[59] 毛莹. 理性预期下的货币政策效应博弈分析 [J]. 武汉金融，2009（2）：54-55.

[60] 孟纹羽，林珊. 货币环境变化与上市银行风险承担能力关系研究 [J]. 宏观经济研究，2015（1）：58-67，80.

[61] 弗雷德里克·S. 米什金. 货币金融学（第九版）[M]. 北京：中国人民大学出版社，2011.

[62] 牛茜. 论主要商业银行市场风险管理 [J]. 金融理论与实践，2008（7）：78-81.

[63] 牛晓健，裘翔. 利率与银行风险承担：基于中国上市银行的实证研究 [J]. 金融研究，2013（4）：15-28.

[64] 乔煜峰. 我国货币政策传导的银行风险承担渠道研究 [D]. 长沙：湖南大学，2014.

[65] 邵平. 商业银行利益博弈与协调研究 [D]. 上海：复旦大学，2008.

[66] 宋锦玲，韩复龄，赵成珍. 货币政策风险承担渠道研究文献述评 [J]. 上海金融，2015（7）：39-43.

[67] 宋清华，曲良波. 高管薪酬、风险承担与银行绩效：中国的经验证据 [J]. 国际金融研究，2011（12）：69-79.

[68] 孙英隽，周洁. 监管压力对商业银行风险承担行为影响的博弈分析 [J]. 金融与经济，2015（8）：4-10.

[69] 孙志娟. 我国商业银行风险预警机制的构建 [J]. 经济问题，2012（6）：96-99.

[70] 谭中，粟芳. 货币政策、市场约束与银行风险承担行为的实证分析 [J]. 上海财经大学学报，2011，13（5）：57-65.

[71] 陶雄华，罗瀛，解宇. 货币政策预期与商业银行风险承担行为关联性研究 [J]. 统计与决策，2014（12）：158-160.

[72] 涂邵明，赵庆明，董积生. 全球金融危机下中国商业银行风险管理与发展战略 [M]. 北京：中国财政经济出版社，2010.

[73] 王东风，汪德军. 海曼·明斯基的金融不稳定假说之评析 [J]. 沈阳师范大学学报（社会科学版），2007，31（2）：111-113.

[74] 王书贞，崔建军. 论凯恩斯“货币非中性思想”的理论价值及现实意义 [J]. 财贸经济，2007（8）：33-36.

[75] 王涛. 中国商业银行所有权结构、治理机制与风险行为 [D]. 重庆：重庆大学，

2012.

[76] 王晓，李佳. 金融稳定目标下货币政策与宏观审慎监管之间的关系：一个文献综述 [J]. 国际金融研究，2013（4）：22-29.

[77] 王晓明. 银行信贷与资产价格的顺周期关系研究 [J]. 金融研究，2010（3）：45-55.

[78] 汪洋. 中国货币政策工具研究 [M]. 北京：中国金融出版社，2009.

[79] 王元涛，郭树华. 宏观审慎管理与货币政策协调配合研究 [J]. 技术经济与管理研究，2015（6）：91-95.

[80] 王周伟，王衡. 不同货币政策工具的银行风险承担效应比较研究 [J]. 金融论坛，2014（12）：33-39，45.

[81] 位华. 市场约束与银行风险承担的文献回顾 [J]. 技术经济与管理研究，2012（7）：99-102.

[82] 危勇. "大而不倒" 救助政策的理论和实证研究 [J]. 南方金融，2008（3）：24-29.

[83] 吴俊，张益宗，徐磊. 资本充足率监管下的银行资本与风险行为:《商业银行资本充足率管理办法》实施后的实证分析 [J]. 财经论丛，2008（2）：36-43.

[84] 吴秋实，李兆君. 银行业竞争、特许权价值与风险承担研究述评 [J]. 中南财经政法大学学报，2010（3）：65-69.

[85] 吴成颂，黄送钦，钱春丽. 高管背景特征对商业银行风险承担的影响：来自中国上市银行的经验证据 [J]. 现代财经（天津财经大学学报），2014（5）：3-14.

[86] 项后军，巫姣，陈昕朋. 货币政策银行风险承担渠道影响因素及其非对称性研究综述 [J]. 西南金融，2016（6）：28-35.

[87] 项后军，李昕怡，陈昕朋. 理解货币政策的银行风险承担渠道：反思与再研究 [J]. 经济学动态，2016（2）：87-100.

[88] 肖本华. 货币政策与影子银行的风险承担 [J]. 新金融，2012（11）：25-30.

[89] 徐明东，陈学彬. 货币环境、资本充足率与商业银行风险承担 [J]. 金融研究，2012（7）：48-62.

[90] 许天骆，王亭熙. 博弈论域下商业银行信贷的风险控制 [J]. 统计与决策，2012（12）：164-167.

[91] 许友传. 银行业风险承担行为与市场约束机理研究 [D]. 上海：上海交通大学，2008.

[92] 杨大光，朱贵云，武治国. 我国上市银行高管薪酬和经营绩效相关性研究 [J]. 金融论坛，2008，13（8）：9-13.

[93] 杨洋. 我国货币政策的银行风险承担机制：基于动态面板模型的实证研究 [J]. 金融理论与实践，2016（6）：6-10.

[94] 杨元元. 我国商业银行的市场风险及其管理 [J]. 中国金融，2012（4）：28-29.

[95] 叶李伟. 我国银行市场退出机制的现状、问题及对策研究 [J]. 福建论坛（人文社会科学版），2010（6）：29-33.

[96] 易定红，郭树华. 西方货币理论主要流派的比较 [J]. 中国人民大学学报，1999（1）：25-30.

[97] 于一，何维达. 货币政策、信贷质量与银行风险偏好的实证检验 [J]. 国际金融研究，2011（12）：59-68.

[98] 张搏. 我国货币政策传导机制和货币政策中介目标选择研究 [D]. 武汉：华中科技大学，2011.

[99] 张丞，韩旺红. 银行流动性、管理者乐观与银行风险承担 [J]. 现代财经（天津财经大学学报），2013（12）：74-85，125.

[100] 张婕. 我国货币政策对银行风险承担影响研究：基于政府隐性担保的背景 [J]. 商业时代，2014（27）：85-88.

[101] 张庆君，何德旭. 特许权价值、市场竞争与银行稳定研究述评 [J]. 金融理论与实践，2013（10）：98-103.

[102] 张雪兰，何德旭. 货币政策立场与银行风险承担：基于中国银行业的实证研究（2000—2010）[J]. 经济研究，2012（5）：31-44.

[103] 张强，张宝. 货币政策传导的风险承担渠道研究进展 [J]. 经济学动态，2011（10）：103-107.

[104] 张晓慧. 从中央银行政策框架的演变看构建宏观审慎性政策体系 [J]. 中国金

融，2010（23）：13-16.

[105] 张晓慧. 如何理解宏观审慎评估体系 [J]. 中国货币市场，2016（8）：10-13.

[106] 张雄. 金融危机理论演进与发展研究 [J]. 商业研究，2007（5）：205-208.

[107] 张宇驰，揭月慧. 监管改革、银行竞争与风险承担 [J]. 财经问题研究，2011（10）：52-59.

[108] 张宗益，刘胤. 资本约束、风险承担与银行信贷扩张 [J]. 金融论坛，2012（8）：13-19.

[109] 赵伟. 货币政策有效性研究的最新文献述评 [J]. 上海金融，2010（3）：42-48，79.

[110] 中国工商银行董事会办公室课题组. 巴塞尔新资本协议与商业银行公司治理 [J]. 金融论坛，2011（6）：40-45.

[111] 中国人民银行盐城市中心支行课题组. 货币政策与商业银行的风险承担 [J]. 金融纵横，2015（5）：57-64.

[112] 钟文琴. 货币政策、信贷渠道与银行风险承担行为 [J]. 浙江金融，2015（1）：43-48.

[113] 周小川. 金融政策对金融危机的响应：宏观审慎政策框架的形成背景、内在逻辑和主要内容 [J]. 金融研究，2011（1）：1-14.

[114] 周毓萍，陈中飞. 基于内部利益相关方博弈的商业银行竞争力研究 [J]. 金融理论与实践，2012（3）：75-80.

[115] 周源. 宏观审慎政策与货币政策目标协调研究 [J]. 浙江金融，2011（8）：28-31.

[116] 周助新，胡王婉. 我国信贷市场上的顺周期实证分析 [J]. 武汉金融，2009（10）：30-32.

[117] 朱波，卢露. 不同货币政策工具对系统性金融风险的影响研究 [J]. 数量经济技术经济研究，2016（1）：58-74.

[118] 朱宇. 银行资本监管标准与信贷顺周期波动研究 [J]. 金融理论与实践，2013（8）：38-42.

[119] 赵雯，谢星，封思贤. 负实际利率对银行风险行为的影响研究：基于银行风

险承担渠道的分析 [J]. 统计与信息论坛，2020（7）：45-46.

[120] 郭田勇，贺雅兰. 宏观审慎背景下我国货币政策传导的银行风险承担渠道研究 [J]. 河北经贸大学学报，2019（2）：29-36.

[121] 惠晓峰、冯烁、翟雪. 货币政策对商业银行风险承担的影响研究 [J]. 东北农业大学学报（社会科学版），2021，19（3）：56-65.

[122] 闫先东，朱迪星. 货币政策影响商业银行经营决策的国外前沿文献评述 [J]. 金融与经济，2020（6）：45-53.

[123] 顾海峰，戴云龙. 贷款集中、货币政策与银行风险承担：来自 2007—2017 年中国银行业的证据 [J]. 金融论坛，2019（10）：24-35，47.

[124] 祁敬宇，刘莹. “双支柱”调控对商业银行风险承担的影响 [J]. 国际金融研究，2021（9）：55-64.

[125] 孙迎辰. 我国金融监管体制改革探析 [J]. 中国物价，2022（1）：75-77.

[126] Adrian T，Shin H S. Prices and Quantities in the Monetary Policy Transmission Mechanism[J]. International Journal of Central Banking，2009，5（4）：131-142.

[127] Altunbas Y，Gambacorta L，Marques-Ibanez D. An Empirical Assessment of the Risk-Taking Channel[J]. SSRN Electronic Journal，2009（10）：213.

[128] Altunbas Y，Gambacorta L，Marques-Ibanez D. Does Monetary Policy Affect Bank Risk-taking？ [J].ECB Working Paper，2010（6）：16.

[129] Anderson L R，Mellor J M. Predicting Health Behaviors with an Experimental Measure of Risk Preference[J].Journal of Health Economics，2008，27（5）：1260-1274.

[130] Angeloni I，Faia E，Duca M L. Monetary Policy and Risk Taking[J].Journal of Economic Dynamics and Control，2015，52：285-307.

[131] Avery R B，Belton T M. A Comparison of Risk-Based Capital and Risk-Based Deposit Insurance[J]. Economic Review - Federal Reserve Bank of Cleveland，1987，4：20-30.

[132] Bassett W F，Chosak M，Driscoll J C，et al. Changes in Bank Lending Standards

and the Macroeconomy[J].Journal of Monetary Economics，2014，62：23-40.

[133] Bernanke B S，Gertler M. Agency Costs，Net Worth and Business Fluctuations[J]. American Economic Review，1989，79：14-31.

[134] Bernanke B S，Gertler M，Gilchrist S. The Financial Accelerator and the Flight to Quality[J].The Review of Economics and Statistics，1996，48：1-5.

[135] Bernanke B S. Semiannual Monetary Policy Report to the Congress[EB/OL].（2013-2-26）http：//www.federalreserve.gov/newsevents/testimony/bernanke20130226a.htm.

[136] Bianchi J. Discussion of "The Risk Channel of Monetary Policy" [J].International Journal of Central Banking，2014（6）：161-168.

[137] Blanchard O，Ariccia G，Mauro P. Rethinking Macroeconomic Policy [C]//IMF Staff Position Notes，2010.

[138] Borio C，Zhu H. Capital Regulation，Risk-taking and Monetary Policy：A Missing Link in the Transmission Mechanism[J]. BIS Working Papers，2008，268：78-79.

[139] Boyd J，Graham S，Hewitt R. Bank Holding Company Mergers with Nonbank Financial Firms：Effects on the Risk of Failure[J]. Journal of Banking and Finance，1993，17（1）：43-63.

[140] Brissimis S N，Delis M D. Identification of a Loan Supply Function：a Cross-country Test for the Existence of a Bank Lending Channel[J].Journal of International Financial Markets，Institutions and Money，2009，19（2）：321-335.

[141] Buch C M，Eickmeier S，Prieto E. In search for yield？ Survey-based Evidence on Bank Risk-Taking[J]. Journal of Economic Dynamics & Control，2011，43（C）：12-30.

[142] Campbell J Y，Cochrane J H. By Force of Habit：A Consumption-based Explanation of Aggregate Stock Market Behavior[J].Journal of Political Economy，1999（107）：205-251.

[143] Cordella T，Eduardo L. Bank bailouts：Moral Hazard vs. Value Effect[J].Journal

of Financial Intermediation, 2003, 12(4): 300-330.

[144] Dahl D, Shrieves R E. The Impact of Regulation on Bank Equity Infusions[J]. Journal of Banking & Finance, 1991, 14 (6): 1209-1228.

[145] Gianni D N, Giovanni D, Laeven L A, et al. Monetary Policy and Bank Risk Taking[J]. Ssrn Electronic Journal, 2010.

[146] Delis M D, Kouretas G P. Interest Rates and Bank Risk-Taking[J].Journal of Banking & Finance, 2011 (35): 840-855.

[147] Dell' Ariccia G, Marquez R. Lending Booms and Lending Standards[J].Journal of Finance, 2006, 61 (5): 2511-2546.

[148] Dell' Ariccia G, Laeven L, Marquez R. Real Interest Rates, Leverage, and Bank Risk-taking[J].Journal of Economic Theory, 2014 (149): 65-99.

[149] Demsetz H, Lehn K. The Structure of Corporate Ownership: Causes and Consequences [J].Journal of Political Economy 1985 (93): 1155-1177.

[150] Diamond D W, Dybvig P H. Bank Runs, Deposit Insurance, and Liquidity[J]. Journal of Political Economy 1983, 91(3): 401-419.

[151] Eae C S, Mamoru N, Hwan L M. Ownership Structure and Risk-taking Behavior: Evidence from Banks in Korea and Japan[J].Asian Economic Journal, 2010, 25 (2): 151-175.

[152] Gaggl P, Valderrama M T. Does a Low Interest Rate Environment Affect Risk Taking in Austria[J].Monetary Policy & the Economy, 2011, 4: 32-48.

[153] Gambacorta L. Monetary Policy and the Risk-taking Channel[J]. BIS Quarterly Review, 2009, 12: 43-53.

[154] Gorton G, Rosen R. Corporate Control, Portfolio Choice, and the Decline of Banking [J].Journal of Finance, 1995, 50 (5): 1377-1420.

[155] Holt C A, Laury S K. Risk Aversion and Incentive Effects[J].The American Economic Review, 2002, 92: 1644-1655.

[156] Ioannidou V, Ongena S, Peydró J L. Monetary Policy and Subprime Lending: A Tall Tale of Low Federal Funds Rates, Hazardous Loan, and Reduced Loans

Spreads[R]. European Banking Center Discussion Paper，2009.

[157] Jiménez G，Ongena S，Peydró J L，et al. Hazardous Times for Monetary Policy：What do Twenty-Three Million Bank Loans Say about the Effects of Monetary Policy on Credit Risk-Taking？[R].Documentos de Trabajo，2008.

[158] Jiménez G，Lopez J A，Saurina J. How Does Competition Impact Bank Risk-Taking[J]. Banco De EspanaDocumentos de Trabajo，2010，9（2）：9-35.

[159] Joseph F，Sinkey J R. Loan-Loss Experience and Risk-Taking Behavior at Large Commercial Banks[J].Journal of Financial Services Research，1991，5（1）：43-59.

[160] Keely M C. Deposit Insurance，Risk，and Market Power in Banking[J].American Economic Review，1990，80：1183-1200.

[161] Keely M C，Furlong F. A Reexamination of Mean-variance Analysis of Bank Capital Regulation[J].Journal of Banking and Finance，1990，14：69-84.

[162] Kim D，Santomero A M. Risk in Banking and Capital Regulation[J].The Journal of Finance，1988，43（5）：1219-1233.

[163] Martha L P，Fernando T G，Solano H Z. The Risk-Taking Channel and Monetary Transmission Mechanism in Colombia[J].Borradores De Economia，2015，29（616）：212-234.

[164] Maddaloni A，Peydró J. Bank Risk-taking，Securitization，Supervision，and Low Interest Rates：Evidence from the Euro-area，and the U.S. Lending Standards[J]. The Review of Financial Studies，2011，24（6）：2121-2165.

[165] Marcus A J. Deregulation and Bank Financial Policy[J].Journal of Banking and Finance，1984，8（4）：557-565.

[166] Matsuyama K. Credit Traps and Credit Cycles[J].American Economic Review，2007，97（1）：503 -515.

[167] Mandigan B F. Proposed Revision to the Federal Reserve’s Discount Window Lending Programs[J].Federal Reserve Bulletin，2002（7）：313-319.

[168] Minsky H P. Stabilizing an Unstable Economy[M].NewHaven：Yale University

Press, 1986.

[169] Montes G C, Scarpari A. Does Central Bank Communication Affect Bank Risk-Taking? [J]. Applied Economics Letters, 2015, 22 (9): 751-758.

[170] Özşuca E A, Akbostanci E. An Empirical Analysis of the Risk-Taking Channel of Monetary Policy in Turkey[J].Emerging Markets Finance & Trade, 2016, 52 (3): 589-609.

[171] Rajan R G. Has Financial Development Made the World Riskier? [R].National Bureau of Economic Research Working Paper, 2005.

[172] Ronald A R. Erratum: Bank Attitude Toward Risk, Implicit Rates of Interest, and the Behavior of an Index of Risk Aversion for Commercial Banks[J].The Quarterly Journal of Economics, 1980, 95 (2): 309-331.

[173] Ronn E I, Verma A K. Pricing Risk-Adjusted Deposit Insurance: An Option-Based Model[J].The Journal of Finance, 1986, 41 (4): 871-895.

[174] Saunders A, Strock E, Travlos N G. Ownership Structure, Deregulation, and Bank Risk Taking[J].The Journal of Finance, 1990 (45): 643-654.

[175] Rodnyansky A, Darmouni O M.The Effects of Quantitative Easing on Bank Lending Behavior[J].The Review of Financial Studies, 2017 (11): 3858-3887.

[176] Lucas A, Schaumburg J, Schwaab B, et al.Bank Business Models at Zero Interest Rates[J].Journal of Business & Economic Statistics, 2019 (3): 542-555.

[177] Kandrac J, Schlusche B.The Effect of Bank Supervision on Risk Taking: Evidence from a Natural Experiment[R].Board of Governors of the Federal Reserve System (US), 2017.

[178] Girton L, Roper D. A Monetary Model of Exchange Market Pressure Applied to the Postwar Canadian Experience[J]. International Finance Discussion Papers, 1976, 67 (4): 537-548.

[179] Neuenkirch M, Nockel M. The Risk-taking Channel of Monetary Policy Transmission in the Euro Area[J]. Journal of Banking & Finance, 2018, 8: 71-91.